Ralf-Peter Nungäßer

Philosophie für Anfänger

- Perspektiven für Alltag und Beruf -

Wass können die großen Philosophen uns heute sagen?

© 2019 by NUNI-NEWS

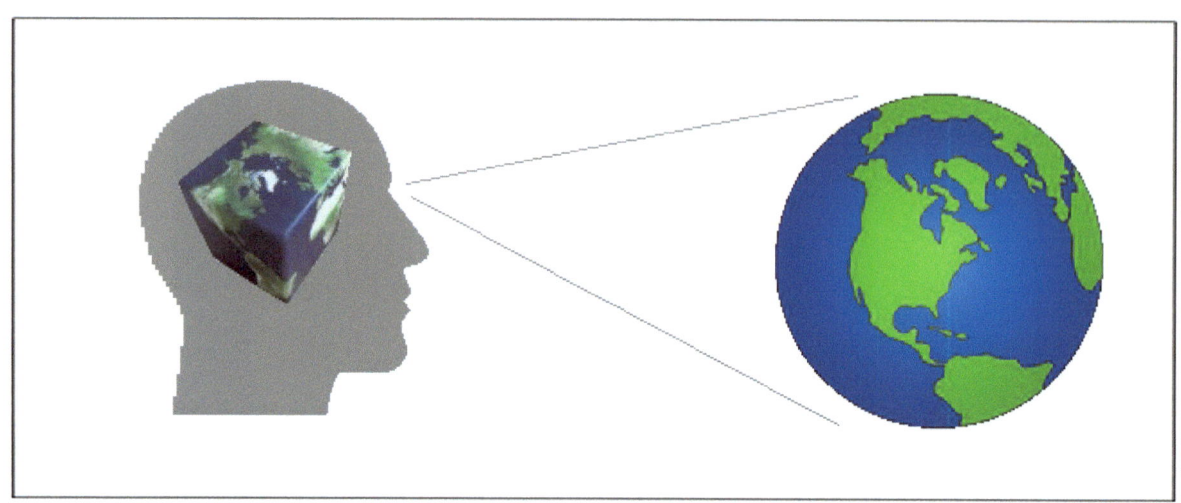

Wer philosophieren möchte,

der sollte die Welt erkennen.

(Ralf-Peter Nungäßer)

Inhalt

Vorwort

Abbildung 1: Woher weiß ich, dass ich bin?[1]

Das Universum ist voller Wunder, daher ist es die Welt der Philosophie auch. Wer wie ein Kind staunen will, der sollte sich mit Philosophie beschäftigen. Warum? Weil Philosophie der Zugang zum Erkennen dieser Welt ist. Es ist schon erstaunlich mit anzusehen, wie die Philosophen seit über tausend Jahren versuchen zu erklären, wie der Mensch die Welt wahrnimmt.

Na klar werden Sie nun sagen: „Was soll denn das? Ich sehe die Welt doch ganz einfach mit meinen Augen und erkläre mir das was ich sehe." Ja, genau, so geht das auch. Nur mit dem Unterschied, dass diese Erklärungen dann nicht mehr so sind wie Sie sich das vorstellen, wenn es darum geht, dass ein anderer Mensch, exakt den gleichen Vorgang sieht wie Sie und zu ganz anderen Erklärungen des Gesehenen kommt. Hier wird es dann schon kompliziert, weil dies sozusagen immer weitergeführt werden kann: wenn drei Menschen das gleiche sehen, sieht jeder etwas anderes darin; so ist das dann bei vier Menschen, fünf, 20 oder über hundert. Hierzu bedarf es Erklärungen, die darin zu finden sind, dass Menschen unterschiedliche Erkenntniskanäle benutzt, um die Welt zu deuten. Der eine Mensch behauptet, die Welt bestünde nur

[1]Quelle: URL: https://de.toonpool.com/cartoons/Stuhl_84005#img9

aus Materie, die man beliebig formen kann. Ein anderer Mensch geht davon aus, dass allen Dingen ein geistiges Wesen innewohnt. Wieder ein anderer schwärmt davon, dass die Wirklichkeit ein Produkt der eigenen Vorstellung ist. Der eine ist materiell ausgerichtet, der andere steckt voller Ideen und wieder ein anderer sieht in allem einen Nutzen.

Sie sehen schon: Jeder Mensch erkennt die Welt anderes, auf seine ganz eigen- und einzigartige Weise. Daher ist es sinnvoll, sich mit den Theorien der Philosophie zu beschäftigen, um verstehen zu können, auf welche unterschiedlichen Arten und Weisen Menschen die Welt erklärt haben. Vor allem haben die Menschen zu unterschiedlichen Zeiten der Menschheitsentwicklung ihre einzigartigen Erklärungstheorien gehabt. Während die früheren Menschen die Welt als Gottgegeben erklärt haben, sind andere Denker später auf die Idee gekommen zu behaupten, dass nur das Wirklichkeit ist, was auch materiell greifbar ist und heute ist jeder Mensch Mitschöpfer dieser Welt.

Noch eine Bemerkung zur fachlichen Korrektheit sowie zur Quellensicherheit: Diese Ausführungen basieren auf Quellenechtheit und sind neben der fachlichen Darstellung vor allem meine Interpretation des fachlichen Sachverhalts zur Einführung in die Thematik. Wer wissenschaftliche Exaktheit erwartet, der sollte auf Wissenschaftsliteratur zurückgreifen.

So, lassen Sie sich also ruhig überraschen von den Erklärungen, die in diesem Buch dargestellt werden. Spannend ist es allemal. Und schauen Sie mal, welche Erklärungsmodelle auf Sie selbst am ehesten zutreffen.

Viel Spaß beim Stöbern und viele Erkenntnisse wünsche ich Ihnen.

Ralf-Peter Nungäßer

Frankfurt am Main, Póvoa e Meadas, November 2019

Einführung

Herzlich Willkommen zum Reader „Philosophie für Anfänger"! Im Folgenden möchte ich Sie mit den Inhalten des Readers vertraut machen. Das vorliegende Buch basiert auf dem Reader zum Seminar „Philosophie im Beruf und Alltag" für Menschen in der Ausbildung zum psychosozialen Beraterberuf (z. B. Psychologische Beratung, Ernährungsberater, Pädagogische, Spirituelle Beratung oder Life-Coach), das der Autor im Rahmen seiner freiberuflichen Pädagogischen Praxis seit 2010 in Eigenregie sowie im Auftrag für Bildungsträger durchgeführt hat.

Die Beschreibung der Philosophie erlaubt einen ersten Überblick über dessen Methoden. Philosophie liegt in jedem Menschen begründet und bedient sich bestimmter Instrumente, Konzepte und Denkschulen, um adäquate Antworten auf die Fragen der Menschen zu geben. Die vorliegende Arbeit will hierzu an Philosophie interessierten Laien eine kleine Einführung in die Thematik der Philosophie geben. Diese Arbeit dient dazu, die grundlegenden Begriffe der Philosophie darzustellen.

Um dies zu bewerkstelligen, sollen zunächst die Aufgaben und Ziele in der Philosophie geklärt werden, da diese Anhaltspunkte dafür geben, wofür Philosophie benötigt wird. Hieraus ergibt sich auch die Begründung der Philosophie für den beruflichen und alltäglichen Gebrauch. In diesem Zusammenhang erfahren Sie auch die beruflichen Bereiche, in welchen philosophische Methoden und Kontexte zum Einsatz kommen können.

Eine geschichtliche Einführung erzeugt einen roten Faden der Entwicklung der Philosophie und ihrer Disziplinen. Von der Antike bis zur Gegenwart werden die Strömungen, Schulen und Konzepte skizzenhaft dargestellt und jeweils ein Bezug zur Gegenwart konstruiert. Weiterhin geben Ihnen Hinweise auf die Konzepte und Instrumente der Philosophie Gelegenheit, die unterschiedlichen Arbeitsweisen der Philosophie kennen zu lernen.

In einem weiteren Schritt gehen wir auf die unterschiedlichen Erkenntnisverfahren ein, denen der Mensch bei seinen Erkenntnisprozessen unterliegt, werden unter den wichtigsten philosophischen Gesichtspunkten hin betrachtet:

Der Rationalismus gibt darüber Auskunft, wie der Mensch seine Vernunft gebraucht. Beim Empirismus erfahren Siem wie Erkenntnisse durch Erfahrungen gewonnen werden. Der Idealismus bildet die vom Menschen entworfenen Ideen ab und die Studierenden gewinnen einen Eindruck davon, wie Vernunft und Erfahrung für die Erkenntnisgewinnung verantwortlich zu zeichnen sind.

Bei der Strömung des Positivismus können Sie nachvollziehen, dass die Erkenntnis über die Dinge nur durch vordefinieren Bedingungen nachweisbar in Erscheinung treten können. Während die Leser und Leserinnen im Anschluss daran durch die philosophische Anschauung des Materialismus in Erfahrung bringen können, dass die materiellen Bedingungen für die Erkenntnisgewinnung über die Dinge verantwortlich sind.

Der Pragmatismus lehrt Sie, dass alle Erkenntnis über die Dinge nur über dessen eigenes Handeln möglich ist und zuletzt erfahren Sie, dass der Konstruktivismus dafür sorgt, dass der Mensch eigenverantwortlicher Gestalter seiner eigenen Wirklichkeit ist, die er in der Realität mit anderen Wirklichkeitsträgern abgleichen und verhandeln muss.

Weiterhin erhalten Sie wichtige Informationen über Logik, Hermeneutik, Dialektik, Phänomenologie und weitere Instrumentarien der Philosophie und schauen uns an, wie diese funktionieren und wo sie ihre theoretischen und praktischen Anwendungen finden.

Insgesamt ist das Buch so aufgebaut, dass ein paar Aufgaben eingebaut sind, durch die die Leser und die Leserinnen sich mit den jeweiligen Themen noch einmal beschäftigen können, analog der Arbeitsphasen in einem Seminar.

2.   Philosophie – was ist das?

„… es gibt die Wirklichkeit,

ihr Knaben,

und an der ist nicht zu rütteln!

Wahrheiten aber,

nämlich in Worten ausgedrückte Meinungen

über das Wirkliche,

gibt es unzählige,

und jede ist ebenso richtig

wie sie falsch ist…“

(Hermann Hesse)

2.1   Versuch einer Definition

„Philosophie begann mit der Frage: Was ist? - es gibt zunächst vielerlei Seiendes, die Dinge in der Welt, die Gestalten des Leblosen und des Lebendigen, endlos vieles, alles kommend und gehend. Was ist aber das eigentliche Sein, das heißt das Sein, das alles zusammenhält, allem zugrunde liegt, aus dem alles, was ist, hervorgeht?“[2]

Kennen Sie in diesem Zusammenhang das alte Spiel aus Ihrer Kindheit, die „Warum-Kette“? Sie stellen solange Warum-Fragen auf Antworten, bis der Antwortende keine Antwort mehr auf die letzte Frage weiß. Derjenige, der am längsten durchhält, ist dann der „größte Philosoph“.

Beispiel:

Frage: „Warum bin ich?“
Antwort: „Weil du geboren wurdest.“
Frage: „Warum wurde ich geboren?“
Antwort: „Weil du gezeugt wurdest.“

---

[2]Karl Jaspers, S.24

Frage:	*„Warum wurde ich gezeugt?"*
Antwort:	*„Weil deine Eltern Liebe gemacht haben."*
Frage:	*„Warum haben meine Eltern Liebe gemacht?"*
Antwort:	*„Weil sie sich lieben."*
Frage:	*„Warum lieben sie sich?"*
Antwort:	*„Weil sie sich kennengelernt haben."*
Frage:	*„Warum haben sie sich kennengelernt?"*
Antwort:	*„Weil es das Schicksal so wollte."*
Frage:	*„Warum wollte das Schicksal das so?"*
Antwort:	*„Weil das der Herrgott so festgelegt hat."*
Frage:	*„Warum hat der Herrgott das so festgelegt?"*
Antwort:	*„Weil er ein lustiges Theater mit uns Menschen haben wollte."*
Frage:	*„Warum wollte er ein lustiges Theater mit uns Menschen haben?"*
Antwort:	*„Weil ihm langweilig war."*
Frage:	*„Warum war ihm langweilig?"*
Antwort:	*„Weil er einsam war."*
Frage:	*„Warum war er einsam?*
Antwort:	*„Weil man immer allein an der Spitze steht."*
Frage:	*„Warum steht man allein an der Spitze?"*
Antwort:	*„Weil dort oben kein Platz für zwei ist."*
Frage:	*„Warum ist da oben kein Platz für zwei?"*
Antwort:	*„Weil es dort ziemlich eng ist."*
Frage:	*„Warum ist es dort ziemlich eng?"*
Antwort:	*„Weil es dich nur einmal geben kann!"*
Frage:	*„Warum kann es mich nur einmal geben?"*
Antwort:	*„Weil es dich nicht zweimal geben kann!"*
Frage:	*„Warum?"*
Antwort:	*„Darum! Frag' die Philosophen, die wissen das!"*
Frage:	*„Was ist Philosophie?"*

Die Philosophie ist so alt wie die Menschheit selbst, das heißt, seitdem die Menschen über sich und die Welt nachdenken, gibt es die Philosophie. Und so ist das auch heute noch: Der Mensch fragt einerseits nach dem Sinn seines Daseins und seines Handelns und er fragt andererseits auch nach dem Grund des Daseins und dem Nutzen von Dingen. Diese Fragen versucht der Mensch systematisch unter Zuhilfenahme bestimmter Methoden sinnvoll für sich selbst oder für die Allgemeinheit zu erklären und zu beantworten. Und das ist möglich mit Philosophie.

Philosophie entstammt - dem Wort wie der Sache nach - dem antiken Griechenland (ca. 600 v. Chr. – 300 n.Chr.) und bedeutet sinngemäß "Freude haben" oder "Gefallen finden" (philein) an Wissen und Bildung, "Liebe zur Weisheit" bzw. „Weisheitsliebe" (philosophia). Die Philosophie versucht → *wissenschaftlich*, die Welt und die menschliche Existenz zu deuten, zu verstehen und zu erklären. Dabei gibt die Philosophie Antworten auf Fragen, die beispielsweise die Naturwissenschaften nicht beantworten können: Während zum Beispiel die Biologie die Welt des Lebendigen und seine Funktionen und Stellung in der Natur beschreibt, so kann sie keine Antworten auf die Fragen nach dem „Wesen" des Lebendigen und dessen „Daseinsberechtigung" geben. So ist es, um diesen Zusammenhang noch einmal zu verdeutlichen, zwar möglich, mit Hilfe der Naturwissenschaften Naturgesetze auszudrücken, aber die Frage, ob die Natur mit Ihren Naturgesetzen etwas bezwecken will oder ob es sich hierbei grundsätzlich um einen willentlichen Akt handelt, kann keine Naturwissenschaft beantworten. Hier setzt die Philosophie mit ihren Antworten an.

Der grundsätzliche Unterschied der Philosophie zu den anderen Wissenschaften besteht darin, dass sich die Philosophie nicht auf ein spezielles Gebiet oder auf eine bestimmte Methode begrenzen lässt. Während sich beispielsweise die Medizin ausschließlich mit Gesundheits- und Krankheitsthemen beschäftigt, oder die Juristen vornehmlich gesetzliche Angelegenheiten behandeln, geht die Philosophie mit einem „universellen", also unbegrenzten Katalog an Fragestellungen heran, die hinter den Antwortmöglichkeiten der Medizin oder der Juristik liegen wie z. B. die Frage danach, was die Seele oder was Gerechtigkeit ist. Man kann somit nachvollziehen, dass die Philosophie, als die „Urmutter" der Wissenschaft, durch die Art ihrer Fragestellungen und ihre besonderen, weil auch durchaus im Widerspruch zueinander stehenden Herangehensweisen an die vielfältigen Gegenstandsbereiche „über" all den anderen wissenschaftlichen Disziplinen steht.

Dennoch, oder gerade deshalb, scheint es nach den Auffassungen unterschiedlicher Autoren wie Georgi Schischkoff oder Peter Möller eine einheitliche Definition von Philosophie nicht zu geben. Beide kommen zu dem Schluss, dass das, was Philosophie sei, umstritten in dem Sinne ist, dass bei der Universalität der Philosophie keine einheitliche Definition für Philosophie zu finden sei zu der alle Philosophen vorbehaltlos zustimmen könnten. Philosophie lasse sich deshalb nicht allgemeingültig definieren, weil jeder, der philosophiert, eine eigene Sichtweise der Dinge entwickelt. Karl Jaspers (1883-1969; Psychiater und Philosoph) macht bei seinem Versuch der Definition von Philosophie das Dilemma, in dem die Philosophie steckt, deutlich:

„Man erwartet von der Philosophie außerordentliche Aufschlüsse oder lässt sie als gegenstandsloses Denken gleichgültig beiseite. Man sieht sie mit Scheu als das bedeutende Bemühen ungewöhnlicher Menschen oder verachtet sie als überflüssiges Grübeln von Träumern. Man hält sie für eine Sache, die jedermann angeht und daher im Grunde einfach und verstehbar sein müsse, oder man hält sie für so schwierig, dass es hoffnungslos sei, sich mit ihr zu beschäftigen. Was unter Philosophie auftritt, liefert in der Tat Beispiele für so entgegengesetzte Beurteilungen. Für einen wissenschaftsgläubigen Menschen ist das Schlimmste, dass die Philosophie gar keine allgemeingültigen Ergebnisse hat, etwas, was man wissen und damit besitzen kann."[3]

Trotz dieses Dilemmas wagt Möller einen Versuch der Definition von Philosophie, von der er der Auffassung ist, dass sie unter Vorbehalt die größtmögliche Zustimmung unter den Philosophen bekommen könnte:

„Philosophie ist der Versuch des Menschen mit der → Methode des → Denkens seine Existenz, die von ihm wahrgenommene äußere Welt und sein eigenes Inneres zu erklären."[4]

Das Wort „Philosophos", welches zuerst durch den griechischen Philosophen Heraklit von Ephesos (520 v. Chr. bis 460 v. Chr.) in Gebrauch genommen wurde, erhält nach ihm die Bedeutung, dass die Philosophie ein Forschungsgebiet zur Erkundung der Natur der Dinge sei[5]. Aristoteles (Griechenland um 324 v. Chr. bis 322 v. Chr.) sah in der

---

[3] Karl Jaspers, S.9
[4] Peter Möller, URL: http://www.philolex.de/einfphil.htm
[5] Vgl. Georgi Schischkoff, S.531

Philosophie das Forschen nach den obersten Prinzipien wie Beispielsweise das Streben nach Tugend und Tüchtigkeit mit der von Platon (Griechenland um 428 v. Chr. bis 347 v. Chr.) beschriebenen Zielsetzung des Strebens nach dem Guten, Wahren und Schönen sowie den Erwerb wahren Wissens. Und der Schweizer Arzt und Philosoph Paracelsus (1493-1541 n. Chr.) umschreibt Philosophie als das Ringen um die Erkenntnis aller sichtbaren und unsichtbaren Dinge. Der deutsche Philosoph Immanuel Kant (1724–1804) bezeichnete Philosophie als ordnende Kraft, die alle Wissenschaft durch die Analyse, Bearbeitung und exakte Bestimmung von Begriffen miteinander verbinde.

Schauen wir uns bei dieser Gelegenheit einmal an, wie Jaspers oben bereits andeutete, was *„unter Philosophie auftritt"*: Nämlich die „→*Akademische* Philosophie" und die „Nichtakademische Philosophie". Die Akademische Philosophie wird unter Zuhilfenahme wissenschaftlicher Methoden und die Nichtakademische Philosophie wird ohne wissenschaftliche Hilfsmittel betrieben. Der Geisteswissenschaftler Christoph Rapp differenziert dabei in zwei Grundformen des Philosophierens:

„Wer heute nach dem Nutzen von Philosophie oder Geisteswissenschaften fragt, der denkt dabei wahrscheinlich nicht an die gerade umrissene Form des Philosophierens, wie sie von jedermann ohne wissenschaftliche Hilfsmittel und ohne ein Universitätsstudium betrieben werden kann, sondern dürfte wohl eher die Philosophie im Sinne einer akademischen Fachdisziplin vor Augen haben. Die Unterschiede zwischen beiden Formen des Philosophierens sind in der Tat beträchtlich: Das Philosophieren im nicht-akademischen Sinn ist eine Aktivität, an der jeder ohne Vorbildung teilhaben kann, eine Tätigkeit, die keiner Bewertung durch Fachgremien unterliegt, sich der Umgangssprache bedient und oft in einem unmittelbaren Zusammenhang mit bestimmten lebenspraktischen Fragen steht. Akademisch betriebene Philosophie hingegen versteht sich als eine Art von Diskurs, an den man erst durch die Einübung bestimmter Argumentationstechniken herangeführt werden muss, der Kenntnisse in der Geschichte der Philosophie verlangt, der eine eigene Fachsprache entwickelt und in dem eine Fokussierung auf bestimmte Grundfragen unumgänglich ist. Diese Grundfragen bestimmen die Teildisziplinen der Philosophie wie sie heute an den meisten Universitäten der Welt betrieben wird: Die Fragen „Wie sollen wir leben?" „Wie sollen wir handeln?" umreißen die philosophische Disziplin der Ethik, die Frage „Was können wir erkennen und wie können erkennen?" definiert die Erkenntnistheorie. Entsprechendes gilt für die anderen Teildisziplinen der Philosophie: „Was existiert und welches sind die grundlegenden Dinge unserer Welt?" (Ontologie, Metaphysik), „Was ist ein Staat und wann ist er gerecht" (Politische Philosophie, Sozialphilosophie), „Was ist der Mensch? Was zeichnet ihn aus?" (Anthropologie), „Wie ist Wissenschaft möglich?" (Wissenschaftstheorie), „Wie erlangen Worte ihre Bedeutung?" (Sprachphilosophie, Semantik), „Wann ist ein Schluss gültig?" (Logik) usw. Außerdem ist die akademische im Unterschied zur alltäglichen Erscheinungsform der Philosophie von denselben methodischen Gepflogenheiten und denselben institutionellen Bedingungen geprägt wie jede andere moderne Wissenschaft: Spekulationen und unbegründete Behauptungen müssen vermieden, alle Quellen und Referenzen müssen offen gelegten werden, der jeweilige Forschungsstand ist zu referieren, Klarheit in der Darstellung und Schlüssigkeit der Argumentation werden angestrebt; es gibt geregelte Studiengänge, Qualifikations- und Akkreditierungsverfahren, es gibt begutachtete Fachzeitschriften und Buchreihen ebenso wie eine Konkurrenz um Stellen und Forschungsgelder."[6]

Die für dieses Buch „Philosophie für Anfänger" relevante „Definition" von Philosophie richtet sich - gemäß Auffassung von Rapp - primär nach der Akademischen Philosophie aus. Die Akademische Philosophie lässt sich nach Auffassung von Peter Möller in die nachfolgend beschriebenen wichtigen Gebiete skizzenhaft unterteilen, von denen, nach seiner Aussage, nicht alle Philosophen der Ansicht seien, dass diese zu den Bereichen der Akademischen Philosophie gehören.

➢ **Die Ontologie** (von den griechischen Worten »on« = sein und »logos« = Lehre, Gesetz, Vernunft; Seins-Lehre):

➢

Die Ontologie stellt die Frage nach den Grundstrukturen alles Seienden und dem Sein selbst stellt. Sie beschäftigt sich mit der Gesamtheit des Seins, mit den grundsätzlichsten Existenz- und Entwicklungsbedingungen zum Beispiel jenen der Natur, des Staates oder des Menschen. Sie lässt sich auch als die Lehre vom Sein bezeichnen und geht den Grundstrukturen der Realität nach wie sie ist und welche Bedeutung sie hat. Sie fragt nach dem „Was?" und nach dem „Wie?".

---

[6]Christoph Rapp, 86f.

Abbildung 2: Akademische Philosophie[7]

> **Die Metaphysik** (von gr. »meta« = nach, hinter und »physika« = Naturwissenschaft; das hinter der Naturwissenschaft Liegende):

Die Metaphysik versucht die gesamte Wirklichkeit, wie sie uns erscheint, in einen sinnvollen Zusammenhang zu bringen. Sie untersucht die Fundamente und allgemeinen Strukturen der Welt. Sie beschäftigt sich mit der Gesamtheit des Seins, aber besonders mit dem sinnlich nicht mehr Wahrnehmbaren. Die Metaphysik kann man auch als

[7]Quelle: Verfasser

die Lehre „hinter dem Physischen" bezeichnen und geht den Ursachen, Strukturen, Gesetzlichkeiten und Prinzipien sowie dem Sinn und Zweck der gesamten Wirklichkeit bzw. allen Seins nach. Sie fragt nach dem "Warum?".

➢ **Die Erkenntnistheorie:**

Sie ist die Lehre vom Erkennen, von den Möglichkeiten, Quellen und Grenzen menschlichen Erkenntnisvermögens. Die Erkenntnistheorie fragt allgemein nach den Möglichkeiten, Wissen zu erlangen und zu sichern. In diesem Sinne befasst sie sich beispielsweise mit den Problemen, wie sich die Wahrheit oder Falschheit von Theorien prüfen lassen. Die Wahrnehmung der Wirklichkeit stellt sie ebenso auf den Prüfstand, wie den Einfluss von Sprache und Denken auf den Erkenntnisvorgang. Ganz gleich ob man nun behauptet, die Erkenntnis des Menschen, also das Erkennen von Dingen, beruhe vornehmlich auf seinem Verstand, auf der Sinneswahrnehmung oder auf seiner → *Intuition*, dann wird damit etwas über etwas Seiendes z. B. über den Menschen und seine Möglichkeiten zum Ausdruck gebracht.

➢ **Die Logik** (von gr. »he logiké téchne« = denkende Kunst, Vorgehensweise, Lehre des Denkens):

Die Logik ist die Lehre vom „richtigen" Denken sowie vom vernünftigen Schlussfolgern. Sie beschäftigt sich nicht mit konkreten Inhalten, sondern mit den Gesetzmäßigkeiten der Folgerichtigkeit. Sie fragt, auf Grundlage welcher Regeln aus bestimmten Voraussetzungen bestimmte Schlussfolgerungen gezogen oder nicht gezogen werden können. Es handelt sich hierbei um eine Philosophische Gesetzmäßigkeit des Denkens. Logisches Denken basiert auf einer folgerichtigen, einleuchtenden und nachvollziehbaren Schlussfolgerung. Als logisch wird etwas anerkannt, wenn es 1. eine eindeutige Identität aufweist (A ist A und nichts anderes. Beispiel: Sie sind Sie und niemand anderes), 2. wenn mindestens zwei widersprechende Aussagen nicht zugleich wahr sein können (der Mensch kann zum Beispiel nicht gleichzeitig „auf zwei Hochzeiten tanzen") und 3. etwas kann entweder sein, oder nicht sein, eine dritte Möglichkeit gibt es nicht (Sein, oder Nicht-Sein, das ist hier die Frage! Als Beispiel kann man so schön den volkstümlichen Satz anführen: „Man kann nicht ein bisschen schwanger sein!).

➢ *Die Sprachphilosophie*:

Die Sprachphilosophie untersucht die Sprache nach Ursprung, Wesen und Funktion in den menschlichen Gemeinschaften und Kulturen. Sie hat dabei die Beziehung zwischen Sprache, Denken und Wirklichkeit im Blickpunkt. Die Analyse von Sprache, z. B. durch die exakte Zerlegung von Begriffen, wurde in der Philosophie von jeher betrieben. Von Anfang an war damit die überragende Bedeutung der Sprache für kommunikative Prozesse, Wahrheitsfindung, Erkenntnismöglichkeiten und die Beschreibung und Wahrnehmung der Welt ein zentrales Thema der Philosophie.

➢ *Die Ethik* (von gr. »ethos« = Sitte, Gewohnheit):

Sie ist die Lehre vom richtigen Wollen und Handeln und von der Frage, was gut und böse ist. Die philosophische Ethik erstellt mittels → *Vernunft* Kriterien für die Beurteilung von Handlungen und bewertet diese hinsichtlich ihrer Motive und Konsequenzen. Das Ziel einer zum Beispiel für das geregelte Zusammenleben von Menschen in einer Gesellschaft → *normativ* ausgerichteten Ethik kann in der Begründung von allgemein gültigen Normen und Werten gesehen werden. Eine unmittelbare Anwendung der Ethik findet sich in der *Rechtsphilosophie*, die nach der Entstehung, Einsetzung und Legitimation des Rechts fragt.

➢ *Die Ästhetik* (von gr. »aisthesis« = sinnliche Wahrnehmung):

Bei ihr handelt es sich um die Lehre vom Schönen. Dabei lässt sich die Ästhetik unterscheiden in Subjektästhetik (Subjekt = Individuum, Person), bei der z. B. den Fragen nachgegangen wird, wie die Entstehung eines Kunstwerks im Individuum auf andere Subjekte wirkt oder wie sich eine Allgemeingültigkeit in der Beurteilung von »gutem Geschmack« entwickeln lässt. Zum anderen kann man Ästhetik in Objektästhetik unterscheiden bei der z. B. die Untersuchungen des künstlerischen Gegenstandes, des Verhältnisses der verschiedenen Kunstgattungen, das Verhältnis von Kunst und Wirklichkeit eine erhebliche Rolle spielen.

➢ *Die Dialektik* *(von gr.: »dialektiké (téchne)« = Kunst der Unterredung, gleichbedeutend zum lateinischen* »dialectica« = Kunst der Gesprächsführung*):*

Philosophische Methode des Denkens mittels Behauptung, Gegenbehauptung und der daraus gewonnenen Erkenntnis. Die Idee der Dialektik hat ihren Ursprung in Formen der argumentativen Beweisführung: Der Mensch stellt eine These (Behauptung) sowie eine ihr gegenüberstehende Antithese (Gegenbehauptung) auf, woraus sich zunächst ein Widerspruch ergibt. Nach einem vernünftigen Argumentationsprozess werden falsche Ausgangsbehauptungen, die in These und Antithese stecken, herausgearbeitet und der Widerspruch wird beseitigt. Das Resultat ist der Kern beider Behauptungen. Diese neue, qualitativ verbesserte Erkenntnis wird als Synthese bezeichnet, die nun ihrerseits wieder als These dienen kann.

➢ **Die Anthropologie** *(von gr. »anthropos« = Mensch) ist die Wissenschaft vom Menschen.):*

Im Gegensatz zur gleichnamigen Naturwissenschaft , die den Menschen z. B. als genetisch-biologisches Wesen betrachtet, beschäftigt sich die Philosophische Anthropologie mit grundsätzlichen Aussagen über das Wesen, die Gattung des Menschen und seine Stellung in der Welt. Da jegliches Tun und Lassen des Menschen einem Bild zugrunde liegt, welches der Mensch sich von sich selbst macht, so ist die Anthropologische Philosophie, also die Betrachtung des Menschen über sich selbst als ein Prozess der Selbstreflexion zu bewerten.

➢ **Die Staatsphilosophie:**

Schon immer haben sich die Philosophen für den Begriff, das Wesen, Ursprung und Sinn des Staates interessiert. Die Staatsphilosophie fragt nach dem Seinsgrund des Staates, was hierbei als ontologische Fragestellung bewertet werden kann. Dabei fragen die Philosophen nach der Entstehung, Rechtmäßigkeit und Verfasstheit eines Staates. Die Antworten hierzu leitet die Philosophie aus dem gesellschaftlichen und sozialen Wesen des Menschen ab und schreibt dem Staat dabei eine bestimmte Selbstständigkeit z. B. im Sinne einer Selbstbestimmung und Selbstverwaltung und zu.

➢ *Die Politikphilosophie:*

Als philosophisches Gebiet befasst sich die Politikphilosophie hauptsächlich mit der Kritik, der Sinngebung und der Wegweisung allen politischen Handelns. Die Politikphilosophie fragt zum Beispiel nach der besten Herrschaftsform (z. B. Demokratie), dem Verhältnis zwischen Bürger und Staat, nach der Menschenwürde, Schutz ethischer Prinzipien, Machtverteilung, Gesetz, Gerechtigkeit, Eigentum, Sicherheit und Freiheit.

➢ *Die Sozialphilosophie:*

Die Sozialphilosophie ist die Philosophie des gesellschaftlichen Lebens und beschäftigt sich daher mit Fragen zum Sinn und Wesen einer Gesellschaft. Insbesondere beleuchtet sie dabei das Verhältnis zwischen dem einzelnen Menschen und der Gemeinschaft sowie die Strukturen des Zusammenlebens der Menschen oder der sozialen Gruppierungen untereinander. Die Sozialphilosophie schaut dabei konkret auf die Menschen, ihre Beziehungen und ihre Geschichte, um sie gedanklich erfassen zu können.

➢ *Die Naturphilosophie:*

Bei der Naturphilosophie handelt es sich um einen Bereich der Philosophie, die sich mit den Fragen nach dem Ursprung der Weltbefassen. Sie versucht zu verstehen und zu erklären nach welchen Prinzipien Vorgänge in der Natur ablaufen. Dieser Prozess kann dabei sowohl aus dem unmittelbaren Naturerleben heraus aber auch mit Hilfe der grundsätzlichen Erkenntnisse der Naturwissenschaften erfolgen. Hierbei will die Naturphilosophie ebenso die naturwissenschaftlichen Begriffe wie beispielsweise Substanz, Materie, Kraft, Raum, Zeit, Leben Entwicklung oder Naturgesetz klären. Ferner untersucht die Naturphilosophie Gesetzmäßigkeiten des Naturgeschehens.

Neben der Akademischen Philosophie treten eine Anzahl von nicht-akademischen Auffassungen über das was man als Philosophie bezeichnet auf. In diesem Sammelsurium von Nicht-Akademischen Philosophien geht es im Kern darum, ganz spezifische, persönliche oder → *körperschaft*sgeprägte Sichtweisen über die Dinge und lebenspraktische Angelegenheiten kund zu tun. Während die Akademische Philosophie sich mit den Seinsfragen von Dingen und den Menschen beschäftigen, gehen die modernen Auffassungen Nicht-Akademischer Philosophien eher von Beschreibungen von Vorgängen, Zielsetzungen und Denkweisen aus. An dieser Stelle wollen wir zur Verdeutlichung dieser Unterscheidung ein paar Auffassungen kurz skizzieren, denn im allgemeinen Sprachgebrauch gibt es mittlerweile vielerlei Bezeichnungen und Definitionen über die Nicht-Akademische Philosophie. Zu den Nicht-Akademischen Auffassungen von Philosophie kann man folgende zählen:

➢ *Alltagsphilosophie:*

Die Alltagsphilosophie dient dazu die Alltagswirklichkeit des Menschen erklärbar zu machen. Sie dient dabei als Sammelbegriff für Erklärungsversuche aller Erscheinungen im Alltag eines Menschen. In den alltäglichen Lebensvollzügen und Denk- und Sprachgewohnheiten der Menschen bleibt das meiste Erlebte, Gesprochene, Gedachte und bleiben auch Handlungen fraglos gültig und selbstverständlich. Erst das Nachdenken über die Dinge und das eigene Alltagsdasein lassen das Selbstverständliche für den Menschen als fragwürdig erscheinen. Der Mensch hinterfragt und sucht nach einem persönlichen Sinn innerhalb seines Alltags; vermeintlich Selbstverständliches erscheint in einem neuen Licht; denn Bekanntes und Gewohntes sind nicht immer auch gleich erkannt und gewollt. Durch die Alltagsphilosophie ist der Mensch in die Lage versetzt, sich eigene konkrete Fragen zu für ihn aktuell wichtige Alltagsthemen selbstständig und nach seinen individuellen Vorstellungen zu beantworten. Hierzu entlehnt sich die Alltagsphilosophie bestimmter Wörter aus den Gebieten der Akademischen Philosophie und entwickelt diese auf populäre Weise für ihre eigenen Deutungs- bzw. Erklärungsversuche, wie zum Beispiel:

- *„Populäre" Erkenntnistheorie:*
  Im allgemeinen Sprachgebrauch hat sich der Begriff „Erkennen" längst etabliert. Erkennen wird in diesem Sinne gebraucht als ein auf Wahrnehmung beruhendes Erfassen der menschlichen Innenwelt (Denken, Sinne, Erleben, Wollen etc.) und der menschlichen Außenwelt (Formen, Farben, Vorgänge, Dinge etc.).
- *„Populäre" Ontologie:*
  Im Alltag wird das Sein der Dinge (Tiere, Gegenstände, Formen etc.) und der Menschen (Handlungen, Ausstrahlung, Verhalten etc.) primär mit Blick auf deren

Eigenschaften, Verhaltensweisen und Wechselwirkungen sowie auf den unmittelbaren Wert und Nutzen hin erklärbar gemacht.

➢ *Lebensphilosophie:*

Die Lebensphilosophie ist eine weit verbreitete Auffassung über Philosophie, weil diese Form des Philosophierens von jedem Individuum ganz persönlich betrieben werden kann. Hierbei legt das Individuum für sich fest, welche Lebensart, welche Lebensweise und Erklärungen für sein eigenes Leben die für ihm geeignete ist. Das bewusste Erleben seines Selbst und seiner Umwelt sowie das kritische bzw. prüfende Nachdenken darüber und eigene Antworten auf die wichtigen Fragen seines persönlichen Lebens zu erlangen, ist ein wesentlicher Faktor zur Entwicklung seiner geistigen Unabhängigkeit. Das Individuum möchte sich seine eigenen Erklärungen für die Vorgänge in der Welt zurecht legen, seine eigene Sicht der Dinge entwickeln, ganz gleich ob durch Beobachtung oder durch gedankliches Erschließen, via Erleben und Erfahrung oder mittels wissenschaftlicher Experimente, stets strebt der Mensch nach unmittelbarer Freiheit seines Denkens, um seine eigene Wahrheit leben und anderen mitteilen zu können.

Für die Entwicklung von individuellen philosophischen Lebenskonzepten gibt es bestimmte Voraussetzungen. Diese Voraussetzungen für eine bestimmte Lebensphilosophie oder Lebenseinstellung sind vor allem zu finden in den persönlichen, allgemeinen, beruflichen Umweltbedingungen und in der körperlichen, kognitiven, sozialen, emotionalen und moralischen Person selbst sowie in den Wechselwirkungen aller Komponenten untereinander:

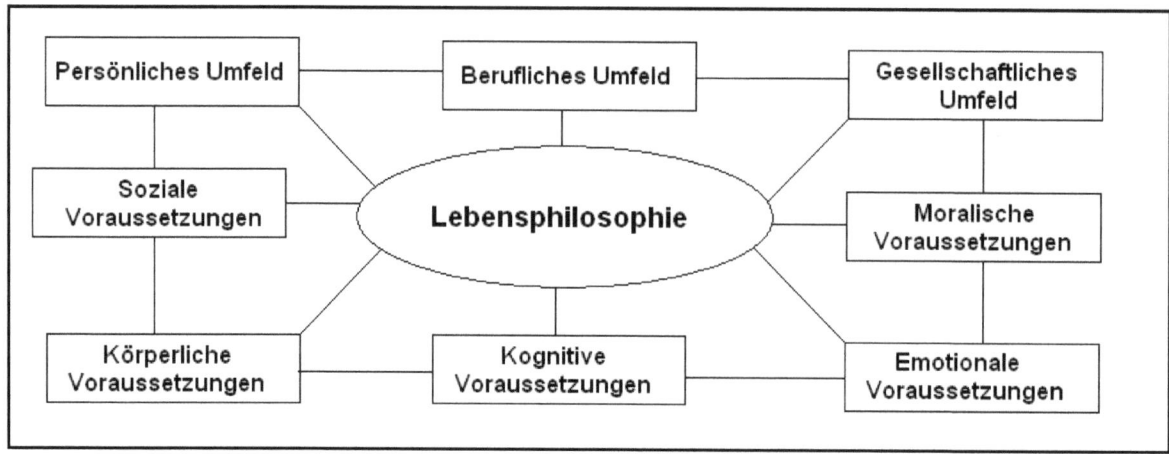

Abbildung 3: Voraussetzung der persönlichen Lebensphilosophie[8]

- **Persönliches Umfeld:** Hierzu zählen die Familie, Freunde, Bekannte, Nachbarn, Vereine etc.

- **Berufliches Umfeld:** Hierzu zählen die Kollegen, die hierarchischen Strukturen, die Firmenorganisation, die Firmenziele, die eigene Stellung, Verdienst etc.

- **Gesellschaftliches Umfeld:** Hierzu zählen die staatlichen und gesellschaftlichen Institutionen, ihre obligatorischen Anforderungen sowie die epochalen Bedingungen in der sich die Menschen befinden wie Trend, Mode, Geschichte, Ereignisse etc.

- **Körperliche Voraussetzungen:** Hierzu zählen die genetische Beschaffenheit, das Aussehen, die innere Konstitution aller Organe, Kondition, Gesundheit und Krankheit.

- **Kognitive Voraussetzungen:** Hierzu zählen die Denkweise, die innere Haltung, die Art und Weise der Wahrnehmung, des Erkennens und der Beurteilung.

- **Emotionale Voraussetzungen:** Hierzu zählen die Gefühle, die Art der gefühlsmäßigen Beurteilung von Sachzusammenhängen, die Affekte, die „Gefühlspersönlichkeit".

- **Moralische Voraussetzungen:** Hierzu zählen das Beurteilungs- und Bewertungsvermögen gegenüber Lebewesen, Dingen und Vorgängen, das Rechtsempfinden und die Handlungsrechtfertigungen.

- **Soziale Voraussetzungen:** Hierzu zählen die Handlungen mit Bezug zu anderen Menschen und Gruppierungen und das Engagement in der Gesellschaft.

---

[8]Quelle: Verfasser

> *Unternehmensphilosophie:*

Die Unternehmensphilosophie einer Firma macht sich fest an den Beschreibungen von Firmenaufgaben und -zielen. Firmen beschäftigen ganze Marketingabteilungen zur Entwicklung von werbewirksamen Darstellungen der Aufgaben und Ziele von Firmen oder deren Abteilungen. Hierbei wird in diesem Zusammenhang auch gerne von „Unternehmensphilosophie" gesprochen. In der Regel wird das Aufgabenfeld einer Firma öffentlichkeitswirksam so aufbereitet, dass der Sinn eines Firmenzieles erkennbar wird, und zwar im Zusammenhang mit dem Nutzen für die Kundschaft. Das philosophische Ziel ist dabei klar: Es geht vordergründig um eine strategisch sinnvoll begründete Positionierung der Produkte auf dem Verkaufsmarkt und weniger um die Schaffung von philosophischen Instrumenten, Konzepten oder Richtungen. Im Lexikon für Qualitätsmanagement von Klaus Gebhard wird das Konzept der Unternehmensphilosophie wie folgt beschrieben:

„Die Unternehmensphilosophie besteht aus den explizit in Führungsgrundsätzen dokumentierten oder implizit verfolgten Einstellungen eines Eigentümers oder der Manager eines Betriebes gegenüber der Gesellschaft, Wirtschaft und gegenüber dem Individuum (Mitarbeiter, Kunden, Lieferanten, Dritte). Die Unternehmensphilosophie umfasst damit die drei Komponenten Gesellschaftsbild (Bezug des Unternehmens zur Gesellschaft und Politik), Leitbild (Bezug des Unternehmens zum Wettbewerb, d.h. den anderen Unternehmen) und Menschenbild (Führungsphilosophie). Diese Philosophie beeinflusst daher maßgeblich die soziale Verantwortung des Betriebes, die Strategien und die Ziele des Unternehmens sowie den Führungsstil und die Führungsgrundsätze im Betrieb."[9]

Dieser modernen Begrifflichkeit von Unternehmensphilosophie unterliegen alle in beruflichen Zusammenhängen Mitwirkende vom Reinigungspersonal bis zum Vorstandsmitglied. Firmen prägen somit Erfahrungen und legen Denkstrukturen fest, sie schreiben die Handlungsrichtung vor, sie bilden Identität und stiften Sinn. Daher ist es beispielsweise von besonderem Vorteil, wenn sich Mitarbeiter und Mitarbeiterinnen mit der Firmenphilosophie beschäftigen und gegebenenfalls sogar identifizieren, weil sich hieraus die eigene Sinnesfrage mit der Zielsetzung der Firma vergleichen und bei

---

[9]Klaus Gebhardt, URL: https://www.quality.de/lexikon/unternehmensphilosophie. (Stand: 01.07.2019)

Bedarf sogar durch entsprechende Fortbildungen in den Bereichen Rhetorik, Führungsmanagement, Kommunikation und dergleichen anpassen lässt.

> ➢ **Kinderphilosophie:**

Da auch Kinder zu kognitiven Tätigkeiten wie Denken, Reflektieren, Staunen, Zweifeln und Betroffensein imstande sind, darf die Kinderphilosophie nicht als eine Philosophie auf kindlichem oder naivem Niveau abgewertet werden, sondern als ein essentieller und gleichberechtigter Bestandteil des gesamten Philosophieprozesses. Man kann die Kinderphilosophie mit einem Kinderschuh, welcher zwar ‚kleiner als der von Erwachsenen', jedoch ‚alle Merkmale eines Schuhes' aufweist und teilweise sogar eine höhere Qualität - besonders durch das Fußbett - besitzt, welches am selben Preis wie für Erwachsenenschuhen zu erkennen sei. Auch ein Mathematiker würde die mathematischen Anfangsübungen im Vorschulalter als ein Bestandteil der Mathematik betrachten und nicht umgekehrt. Kinder besitzen oftmals eine Genialität, die im Erwachsenenalter längst verloren gegangen ist. In Bezug auf das Staunen besitzen die Kinder diese ‚Genialität', da sie noch nicht die zahlreichen Lebenserfahrungen erlebt haben wie die Erwachsenen und somit größeres Interesse an den ihn umgebenden Vorgängen aufzeigen, welche für Erwachsene zur Selbstverständlichkeit geworden sind. Da die Lebenswelt mit ihren festverankerten Strukturen noch nicht durch die Kinder gänzlich übernommen worden sind, ist deren Fähigkeit zu Hinterfragen und Zweifeln - welches des Öfteren von Seiten der Erwachsenen als ,,ungehemmt", ,,ungeniert", ,,vorurteilsfrei", ,,unvoreingenommen" oder ,,respektlos" entweder bewundert oder betadelt wird - ein natürlicher Entwicklungsprozess. Gerade diese Unbefangenheit lässt sich ausbauen dadurch, dass es nichts geben darf, das nicht befragt werden darf.

An dieser Stelle wollen wir noch eine Auswahl einiger wichtiger philosophischer Konzepte kurz vorstellen:

Teleologie	Hiermit wird ein Konzept bezeichnet, welches davon ausgeht, dass allem Sein eine Zielgerichtetheit innewohnt. Das menschliche Handeln, das Geschichtliche oder Naturgeschehen wird in der Hauptsache von Zwecken bestimmt und geleitet.

Substanzialismus	Ein Konzept, welches in der Philosophie die Existenz der Substanz, Materie und Stoffe voraussetzt. Allem Wesen der Dinge liegen Substanzen zugrunde. Somit liegen auch allen seelischen Erscheinungen seelische Substanzen vor.
Szientismus	Konzept, nach der die Wissenschaft die Menschen über alle existierenden Dinge in Kenntnis setzt.
Kausalität	Das Konzept der Kausalität (Kausalprinzip) geht davon aus, dass jedes Ereignis auf eine Ursache zurückzuführen ist und dabei die gleichen Ursachen unter den gleichen Bedingungen die gleichen Wirkungen haben.
Ethik	Dieses Konzept befasst sich mit den Grundlagen der Moral. Moral ist der Grundbegriff für eine Werthaltung gegenüber den Phänomenen. Ob etwas an und für sich gut oder schlecht ist, liegt dabei sowohl im Phänomen selbst als auch in der menschlichen Bewertung dessen begründet.
Determinismus	Dieses Konzept beschreibt eine Auffassung, nach der alles Geschehen, auch das menschliche Handeln, dem Kausalprinzip unterliegt.
Eklektizismus	Dieses Konzept beschreibt eine Methode, die aus verschiedenen philosophischen Schulen das übernehmen, was ihnen am besten und notwendigsten für ihre Lösungswege und Denkstrategien erscheint.
Dogmatismus	Das dogmatische Konzept des Denkens fokussiert sich auf eine einzige Wahrheit und lässt infolgedessen Zweifel und Kritik nicht zu.
Intellektualismus	Dieses Konzept gibt dem menschlichen Intellekt den Vorzug vor den Gefühlen und dem Willen.
Sensualismus	Dieses philosophische Konzept geht davon aus, dass alle Erkenntnisse ausschließlich auf Sinneswahrnehmungen zurückzuführen sind.
Utopismus	Das Konzept des Utopismus stellt ein Gedankengebäude dar, das das gesellschaftliche Idealbild einer Gesellschaft beschreibt.

Pluralismus	Dieses Konzept geht davon aus, dass es viele Gegensätze gibt, die allesamt gleichsam als Ursprung aller Dinge gelten können.
Essentialismus	Philosophisches Konzept, welches den Vorrang des Wesens (Essenz) vor dem Dasein (Existenz) vertritt.
Logizismus	Betonung des Vorrangs des Logischen vor allen anderen Konzepten. Siehe Logik.
Personalismus	Philosophische Denkweise, die die Person des Menschen als essentiellen (vorrangigen) Wert betrachtet, z. B. Freiheit als Grundprinzip des menschlichen Lebens.
Probabilismus	Lehre, nach der die letzte Wahrheit für den Menschen unerreichbar ist und er sich mit auf Wahrscheinlichkeiten und Spekulationen basierenden Meinungen begnügen muss.

➢ **Dialektik**

Hierbei handelt es sich um eine philosophische Arbeitsmethode (Instrument), bei der mindestens zwei Gesprächspartner miteinander die Realität im Dreischritt von These (Behauptung), Antithese (Gegenbehauptung) und Synthese (Kompromisslösung) analysieren. Beide Gesprächspartner versuchen nun eine Lösung oder einen Kompromiss für die gegensätzlichen Meinungen zu entwickeln (Synthese).

Beispiel:

Aussage 1: Alle Menschen sind kriegerisch. Aussage 2: Alle Menschen sind friedfertig. Aussage 3: Manche Menschen sind in bestimmten Situationen kriegerisch und wiederum andere Menschen in anderen Situationen friedfertig.

➢ **Phänomenologie**

Die Phänomenologie versteht sich als Lehre von den im Bewusstsein erscheinenden Gegenständen der Welt, gemäß der Auffassung, dass jede Art von Wirklichkeit zunächst Erscheinung für ein intentionales Bewusstsein ist (für ein zielgerichtetes Bewusstsein von etwas). Die Erscheinungen sollen so gefasst werden, wie sie sich zunächst im Erleben geben. Durch phänomenologische Beschreibung und Analyse der

Weisen des Erscheinens im Bewusstsein soll der Sinn von Erscheinungen verständlich gemacht werden. Man kann Phänomenologie auch als Philosophie verstehen, die ihre Grundlage in einer Beschreibung des in der Erfahrung Gegebenen sucht.

„Nach Husserl (1859 – 1938) vollzieht sich jede Erkenntnis in Bewusstseinsakten, und es ist möglich, eine reine (d.h. theoriefreie) Beschreibung dessen zu geben, was sich in solchen Erkenntnisakten zeigt. Das was sich in solchen Akten zeigt, nennt Husserl die Phänomene und deren Beschreibung Phänomenologie. In seinem Werk Logische Untersuchungen (1900/01) kommt Husserl zu dem Schluss, dass es einen allen Bewusstseinsakten gemeinsamen Grundzug gibt, nämlich die sog. Intentionalität (Gerichtetheit). Die Akte sind auf Gegenstände gerichtet und geben diesen einen Sinn. Den sinngebenden Bewusstseinsakt nennt Husserl Noesis, den Sinngehalt des Gegenstandes Noema. Mithilfe der sog. Wesensschau (auch eidetische Reduktion genannt) ist es weiters möglich, die notwendigen Eigenschaften eines Gegenstandes zu erkennen, und damit eine direkte Erfahrung des Wesens zu gewinnen. In seinen Ideen zu einer reinen Phänomenologie und phänomenologischen Philosophie (1913) versucht Husserl zu zeigen, dass alle Phänomene von dem sog. transzendentalen Ich konstituiert sind, das als Grundlage aller Erfahrung der Erfahrung vorausgeht und ihren Charakter bedingt. Das Zurückführen allen Wissens auf Erfahrungen, die mit dem transzendentalen Ich verbunden sind, nennt Husserl phänomenologische Reduktion."[10]

➤ Erkenntnisprozesse

Die Erkenntnistheorie insgesamt fragt allgemein nach der Möglichkeit, Wissen zu erlangen und zu sichern. So befasst sie sich etwa mit den Problemen, wie sich die Wahrheit oder Falschheit von Theorien prüfen lassen. Die Wahrnehmung der Wirklichkeit stellt sie ebenso auf den Prüfstand, wie den Einfluss von Sprache und Denken auf den Erkenntnisvorgang. Außerdem versucht sie, die Grenzen der Erkenntnis abzustecken und zu definieren, was prinzipiell als „wissenschaftlich" gesichert bezeichnet werden kann.

---

[10]Amerbauer, Martin (2009): Erste Schritte in der Philosophie. Einheit 8: Gegenwartsphilosophie. S. 106. URL: http://www.amerbauer.info/download/univ/Philo8.pdf (Stand: 10.4.2010)

Im Alltagsleben basieren die Erkenntnisprozesse auf vielerlei Vorgehensweisen. So wird das Erkennen von sich selbst und der Welt vor allem über die Sinne und das Denken gesteuert. Wahrnehmung kann somit zum Erkennen von Dingen und Ereignissen führen, wenn 1. bereits Spuren von Wissensstrukturen im Gedächtnis über das zu Erkennende vorhanden sind oder 2. über Lernprozesse Informationen über das zu Erkennende gesammelt und verarbeitet werden.

Aufgabe

Entwerfen Sie ein praktisches Beispiel, in dem ein Erkenntnisprozess sichtbar sind.

> **Hermeneutik**

Die Hermeneutik (altgr. hermēneuein „vermitteln", „(Gedanken) ausdrücken", „interpretieren", „übersetzen") ist eine philosophische Theorie und Lehre über das → *Verstehen*, Begreifen und Auslegen geistiger Gegenstände wie beispielsweise schriftliche Werke, Aussagen oder der Sprache. Hermeneutik bedeutet global gefasst zunächst einmal die Kunst der Auslegung und Deutung, die Technik des Verstehens und Verstehen-Könnens, wobei unter Verstehen die Erfassung von Sinn gemeint ist. In der Antike und im Mittelalter diente die Hermeneutik als Wissenschaft und Kunst der Auslegung grundlegender Texte. Erst in der Neuzeit weitete sich ihr Anwendungsbereich aus und entwickelte sich zu einer Lehre von den Voraussetzungen und Methoden sachgerechter Interpretation und zu einer Philosophie des Verstehens.

Die Hermeneutik als Erkenntnisverfahren geht auf den Theologen Friedrich Schleiermacher (1768-1843) zurück. Für Schleiermacher war Hermeneutik die Kunst des Verstehens und die Technik der richtigen Auslegung. Er hat auf die durch Kant bewirkte fundamentale Verunsicherung reagiert, die in Bezug auf die menschliche Vernunft eingetreten ist: Deren Verstehensanstrengungen wurden seit Kant prinzipiell als begrenzt, perspektivisch und hypothetisch angesehen Hierzu schreibt Schleiermacher in seiner Schrift „Allgemeine Hermeneutik" von 1809:

„Das Geschäft der Hermeneutik darf nicht erst da anfangen, wo das Verständnis unsicher wird, sondern vom ersten Anfang des Unternehmens an, eine Rede verstehen zu wollen. Denn das Verständnis wird gewöhnlich erst unsicher, weil es schon früher vernachlässigt worden.“[11]

Die Voraussetzung für hermeneutisches Verstehen ist die Objektivität, das heißt es stellt sich die Frage, wie andere etwas verstehen, welche Argumente angeführt werden und inwieweit Offenheit für Gegenargumente besteht. Subjektivität lässt sich dadurch vermeiden, dass man sich seines Vorwissens bewusst ist und versucht sein Verstehen, das Verständnis von etwas, vernunftsbezogen zu begründen. Schleiermacher wollte, um mögliche Missverständnisse in der Deutung von Texten und Reden vorzubeugen, Vorkehrungen dagegen treffen: Der einzelne Gedanke kann für Schleiermacher nur aus dem Ganzen des Lebenszusammenhangs gedeutet werden, dem er entspringt. Daher stellt sich hierbei auch die Frage, ob es eine Letztbegründung für die Wahrheit geben kann, wenn es unterschiedliche Erkenntnisse über ein und dasselbe Ding aus verschiedenen Lebenszusammenhängen geben kann.

Die Hermeneutik beschäftigt sich mit:
- dem Text/der Rede an sich und seinem Autor/Sprecher (z. B. Roman, Talkshow, Beratungsgespräch),
- dem Medium, das die Botschaft übermittelt (z. B. Buch, TV-Sendung, Beratungssetting),
- dem Subjekt der Betrachtung (z. B Leserin oder Zuschauer, Klient, Berater).

Zu den Deutungstechniken gehören:
- Die Grammatik: Sie gibt Aufschluss über den sprachlichen Kontext eines Textes oder einer Rede.
- Die Psychologie: Sie gibt Aufschluss über die Motive des Verfassers/Redners.
- Die Geschichte: Sie gibt Aufschluss über den historischen Kontext, in den der Verfasser/Redner eingebunden ist.

Missverständnisse des Verstehens zwischen Leser/Hörer und Verfasser/Redner basieren beispielsweise den unterschiedlichen Auffassungen der Deutungstechniken. So

---

[11]Jean Grondin, 2001, S.106

kann zum Beispiel jemand, der einen Text von vor hundert Jahren liest, wenn er nicht in die Sprache der damaligen Zeit eingewiesen ist, Verständnisschwierigkeiten haben. Oder aber ein Fremder aus einem anderen Kulturkreis kann die Redewendungen nicht verstehen. Die Hermeneutik hat diese Differenz, nach Schleiermachers Vorstellung, zu schließen.

Aufgabe

Welchen Nutzen kann, Ihrer Auffassung nach, die Hermeneutik für einen Beratungsprozess haben?

✓ **Praktische Relevanz**

Die Hermeneutik geht bei der Erkenntnisgewinnung von der Voraussetzung aus, dass die zu erkennende Welt durch hermeneutische Techniken verstehbar ist. Die Erkenntnisgewinnung ist nur möglich, wenn der Mensch in der Lage ist, die Welt zu verstehen. Erkenntnisse über die Dinge der Welt können dabei mehrdeutig sein, also aus verschiedenen Blickwinken heraus verstehbar sein. Eine endgültige Wahrheit über das Erkannte kann es daher nicht geben. Es gibt jedoch Voraussetzungen nach denen Erkenntnisse gewonnen werden können wie Text/Sprache, Medium/Kontext und Historie/Lebensgeschichte. Die Hermeneutik bezieht diese Faktoren bei ihren Deutungsverfahren mit ein.

Beispiel:
Ein Mensch besucht einen anderen Kulturkreis, der eine andere Köpersprache hat als die seines Herkunftslandes. So deutet dieser Mensch, das Fehlen der Handbegrüßung in Japan als unhöflich, da er nicht weiß, dass man sich in Japan mit einer Verbeugung begrüßt und verabschiedet.

Für den Beratungsprozess hat der hermeneutische Erkenntnisgewinnungsansatz auf der Ebene des Beraters, des Klienten und des Problems seine Bedeutung. Die der Hermeneutik innewohnenden interpretativen Vorgehensweise, eine Aussage nach ihrer Sprache, ihren Kontexten und historischen Zusammenhängen hin zu deuten und zu verstehen, ist der Kern der Betrachtung bzw. das Wesen der Vorgehensweise während des Beratungsprozesses.

Beispiel für die Ebene des Beraters:
Die Beraterin hört einem Klienten während der Beratungsstunde zu. Der Klient erzählt ihr, dass er seinen 14jährigen Nichtsnutz nicht versteht. Er drücke sich wo er nur kann und mache nicht mehr was er solle. Am liebsten würde der den Faulenzer rauswerfen. Die Beraterin mit hermeneutischem Ansatz stellt fest, dass der Vater eine einfache Umgangssprache verwendet, um seinem Problem Ausdruck zu verleihen. Hier kann der Berater den Vater im positivistischen Sinne darüber aufklären, dass er seine Einstellung gegenüber seinem Sohn ändern müsse, um die Entfremdung abzuwenden.

Beispiel für die Ebene des Klienten:
Die Klientin schildert ihr Problem dem Berater. Sie schildert erzählt ihm, dass sich Ihre 14jährige Tochter stets ihr gegenüber aufmüpfig verhalte, nur weil sie ihr verbietet, ab 22 Uhr noch im Internet zu surfen. Der Berater stellt schnell fest, dass sich die Klientin durch ihre positivistische Erkenntnisgewinnung, nämlich: Schaffung von Tatsachen durch entsprechende Bedingungsherstellung, ihre eigenen und die Probleme ihrer Tochter mit verursacht. Sie sorgt gegenüber ihrer Tochter für eine Bedingung, die eine Aufmüpfige Tatsache hervorruft.

Beispiel für die Ebene des Problems/Lösung:
Anhand des letzten Beispiels kann der Berater erkennen, dass die Klientin ihre Probleme dadurch verursacht, dass diese ihre Erkenntnisse auf positivistische Weise gewinnt und somit hierdurch für die Problemlagen in der Mutter-Kind-Beziehung sorgt. Nun hat der Berater die Möglichkeit, gemeinsam mit der Klientin an dessen positivistischer Erkenntnisgewinnung zu arbeiten und ihr zu verdeutlichen, dass sie andere Bedingungen schaffen muss, um das Verhalten ihrer Tochter zu steuern.

2.2   Aufgaben und Ziele der Philosophie

Anlehnend an die Definitionsversuche der Philosophie umfasst die Philosophie bestimmte Aufgaben, die nach dem Verständnis von Christoph Rapp durch systematische Techniken des Infragestellen sowie durch exaktes Überprüfen der angenommenen Antworten Erklärungen für das Sein der Dinge und des Menschen liefern[12]. Die Philosophie hat primär das Ziel, den Menschen Erklärungen für Ihr Denken und Handeln zukommen zu lassen, um den Einzelmenschen und die Menschen in ihrer Entwicklung als erkennendes und bewusstes bzw. soziales und kulturelles Wesen zu unterstützen und voranzutreiben. Um diese theoretisch ausgelegte Aufgabenbeschreibung zu konkretisieren umschreibt Karl Jaspers die Aufgaben der Philosophie wie folgt:

„Die Wirkung der philosophischen Gedanken in der Welt ist heute nur möglich, wenn sie die Mehrheit der Einzelnen erreicht. Denn gegenwärtig ist der Zustand: Die Massen der Bevölkerung können lesen und schreiben, ohne doch den vollen Umfang abendländischer Bildung zu gewinnen. Aber sie sind die Mitwissenden und Mitdenkenden und Mithandelnden. Sie können dieser neuen Chance umso mehr genügen, je mehr sie in den vollen Umgang der hohen Anschauungen und kritischen Unterscheidungen gelangen. Es ist für die Stunden der Besinnlichkeit aller Menschen daher notwendig, das Wesentliche so einfach, so klar wie möglich, ohne Einbuße an Tiefe, mitteilbar zu machen."[13] Und: „Erst in der Kommunikation wird der Zweck der Philosophie erreicht, in dem der Sinn aller Zwecke zuletzt gegründet ist: das Innewerden des Seins, die Erhellung der Liebe, die Vollendung der Ruhe."[14]

Es geht demnach für Jaspers bei den Aufgaben der Philosophie um:

1. die Verbreitung der Wirkung philosophischer Gedanken für Jedermann,
2. die Gewinnung eines umfassenden Kenntnisstandes über die abendländische Bildung,
3. die Fähigkeit hohe Anschauungen im Sinne von Ideen, Betrachtungsweisen oder Auffassungen zu verstehen,
4. das Erlernen eines kritischen Umgangs mit den Anschauungen,
5. die einfache Mitteilung des Wesentlichen (einer Anschauung),
6. das Erkennen des Seins durch Kommunikation zwischen Menschen.

---

[12] Vgl. Christoph Rapp, S. 78f.
[13] Hans Joachim Störig, S.11
[14] Karl Jaspers, S.22

In diesem Sinne wird bereits deutlich, dass die Aufgaben der Philosophie darin liegen, sich mit der dinglichen und menschlichen Existenz zu beschäftigen. Auf die Frage hin, was die Philosophie heute leisten könne und sollte, geben die zwei Philosophen Alain Badiou und Slavoj Žižek folgende Antworten:

Slavoj Žižek: "Ich glaube, dass Philosophie grundsätzlich jeden etwas angeht! Worum es geht, ist zu zeigen, wie die Komplikationen, die die Philosophie aufzeigt, nicht etwas dem Menschen Fremdes sind, sondern etwas, das zu ihm gehört. Wenn Du die Philosophie nicht verstehst, heißt das, dass Du einen Teil Deiner selbst nicht verstehst. Ein guter Philosoph sollte Dir verständlich machen, dass die Komplexität der Dinge Deine eigene Komplexität ist. Es ist nicht so, dass wir Philosophen die Dinge gerne komplizieren. Wir machen das transparent, von dem Du selbst nicht weißt, was Du tust."

Alain Badiou: "Ich denke, in Wirklichkeit ist die Philosophie immer eine Philosophie der Gegenwart. Das heißt, sie muss den heutigen Männern und Frauen in der gegenwärtigen Situation helfen. Und was ich ‚Das Feurige der Gegenwart' nenne, ist diese besondere Intensität gewisser Dinge, die uns in der Welt, die wir miteinander teilen, zum Nachdenken und zum schöpferischen Handeln bringt. Ich glaube deshalb, dass die Philosophie nie enden wird, denn ‚Das Feurige der Gegenwart' ist immer im Wandel, so dass es für die Philosophie immer von neuem etwas zu sagen gibt."[15]

Nach diesen von unterschiedlichen Philosophen beantworteten Fragen nach den Aufgaben der Philosophie lassen sich diese auch im Rahmen der obigen Definitionsversuche von Philosophie klar umranden und sie erstrecken sich exemplarisch dabei auf folgende Bereiche:

- Forschen auf den wissenschaftlichen Gebieten (Gebiete wie oben beschrieben).
- Entwickeln von Theorien und Systemen zu den erforschten Gebieten.
- Veröffentlichen, publizieren, archivieren, lehren und überprüfen der Forschungsergebnisse.
- Beschreibung und Erklärung des Sinns und Zwecks des Seins, der Dinge, Vorgänge und deren Begründung.

---

[15] 3 Sat Dokumentation: *Philosophie heute - Die Philosophen Alain Badiou und Slavoj Žižek im Dialog. URL:* http://www.3sat.de/page/?source=/delta/101246/index.html (Stand 01.10.2010)

- Analysieren und interpretieren historischer und aktueller Schriften philosophischer Autoren.
- Entwickeln von Prozessen und Systemen.
- Schaffung von Zusammenhängen zwischen Theorien und Praxis.
- Entwickeln einer Kritik an philosophischen Lehren, Ideologien, an Technik und Gesellschaft.
- Aufzeigen der geschichtlichen Entwicklung des menschlichen Denkens.
- Erziehung zu klarem Denken, diszipliniertem Sprechen und zu Kritikfähigkeit.
- Anleiten zu einer philosophischen Lebensweise.
- Praktische Anwendung der Forschungsergebnisse in beruflichen Zusammenhängen (z. B. in Beratung, Redaktionen, Entwicklungs-, Kommunikations- und Marketingabteilungen von Firmen, in der Öffentlichkeitsarbeit, Politik).

Neben der akademischen Beschreibung der Aufgaben der Philosophie gibt es parallel hierzu eine praxisbezogene Aufgabenbeschreibung durch die Berufskunde der Bundesagentur für Arbeit, die die Vielfältigkeit der Aufgabenpalette darlegt:

„Philosophen und Philosophinnen befassen sich mit den geistigen Grundlagen und Bedingungen menschlicher Existenz. Im Hochschulbereich beschäftigen sie sich mit bestehenden Theorien und Systemen und entwickeln diese weiter. In außeruniversitären Berufen bringen sie in die jeweilige Tätigkeit philosophische Inhalte ein und analysieren Aufgaben aus ethischer Perspektive. Die Fülle und die Bandbreite der Themen, mit denen sich Philosophie beschäftigt, zeigen, dass es sich um eine Universalwissenschaft handelt: Ontologie und Metaphysik thematisieren die Gesamtheit des Seins, während die Erkenntnis- und Wissenschaftstheorie sich mit den Möglichkeiten, Grenzen und Quellen menschlicher Erkenntnis beschäftigt. Die Logik gibt Auskunft über allgemeine Gesetzlichkeiten des Wahren, die Ethik beschäftigt sich mit dem Guten und dem richtigen Handeln, die Ästhetik mit dem Schönen. Hinzu kommen weitere Gebiete wie Religionsphilosophie, Rechtsphilosophie oder Geschichtsphilosophie. Philosophen und Philosophinnen befassen sich mit dem Verstehen menschlicher Existenz sowie den grundsätzlichen Möglichkeiten von Erkennen und Verstehen."[16]

---

[16]Bundesagentur für Arbeit: Philosoph/Philosophin. URL. http://berufenet.arbeitsagentur.de/berufe (Stand: 01.07.2019)

Bei der Darstellung der Aufgaben werden auch bereits zwei Zielsetzungen der Philosophie deutlich:

1. **Das Streben nach Weisheit:**

   Das Streben nach Weisheit soll dem menschlichen → *Verstand* Orientierung und Sicherheit in allen lebenspraktischen Bezügen verschaffen und die Fähigkeit zu sinnvoller gedanklicher Einordnung alles Begegnenden begünstigen. Das Weisheitsstreben ist eine → *Tugend*, durch die der Verstand des Menschen sich nicht durch das Geschehen in der Welt erschüttern lässt, sodass der → *Intellekt* des Menschen jede Lebenssituation souverän zu verarbeiten vermag.

2. **Das Streben nach philosophischer Lebensweise:**

   Die Philosophie als Lebensweise setzt den Akzent auf die Umsetzung der Ergebnisse philosophischer Fragestellungen in die eigene Lebenspraxis. Auf die richtige Weise – im Sinne des Strebens nach Weisheit – zu leben und den Lebensalltag zu gestalten, setzt hiernach ein in vertiefter Form eingeübtes und daraus sich entwickelndes richtiges Denken voraus. Und umgekehrt ist es zur Beglaubigung des philosophischen Denkens nötig, dass es sich in der Lebensweise erkennbar spiegelt.

2.3 Versuch einer Begründung für die „Philosophie für Beruf und Alltag"

Betrachten wir die oben beschriebenen Gebiete der Akademischen Philosophie sowie dessen Aufgaben einmal mit Blick auf den Berufsalltag und auf das private Alltagsleben so gibt uns der Philosoph Karl Jaspers mit seiner Beschreibung einer „Philosophischen Lebensführung" eine klare Antwort darauf, wie sich die Erkenntnisse der Akademischen Philosophie praktisch für das Leben anwenden lassen:

„Soll unser Leben nicht in Zerstreuung verlorengehen, so muss es in einer Ordnung sich finden. Es muss im Alltag von einem Umgreifenden getragen sein, Zusammenhang gewinnen im Aufbau von Arbeit, Erfüllung und hohen Augenblicken, sich vertiefen in der Wiederholung. Dann wird das Leben noch in der Arbeit eines immer gleichen Tuns durchdrungen von einer Stimmung, die sich bezogen weiß auf einen Sinn. Dann sind wir wie geborgen in einem Welt- und Selbstbewusstsein, haben unseren Boden in der Geschichte, der wir angehören, und in dem eigenen Leben durch Erinnerung und Treue. [...] Philosophieren ist der Entschluss, den Ursprung wach werden zu lassen, zurückzufinden zu sich und im inneren Handeln nach Kräften sich selbst zu helfen."[17].

Das Einzelwesen selbst sucht nach Antworten auf die Frage nach dem Sinn seines eigenen Daseins sowie nach dem der Dinge wie beispielsweise der Frage nach der seiner und der Dinge Nützlichkeit und bettet diese ein in die Entscheidungs- und Lösungsfindungen seines Alltagslebens. Hierzu bedient er sich der philosophischen Methode des Denkens, um sich die von ihm wahrgenommene äußere und innere Welt zu erklären. Peter Möller ist dabei der Ansicht, dass es unumgänglich sei, sich mit der Philosophie zu beschäftigen, wenn der Mensch sich die Seinsfragen beantworten will. Als notwendige Grundvoraussetzungen zur Beschäftigung mit Philosophie sieht der Philosoph Möller:

- **Die Neugier:** Menschen bringen ein Grundbedürfnis nach Fragen und nach Antworten mit. Der Mensch stellt sich neugierig die Frage danach, ob das was er alltäglich tut, einen tieferen Sinn hat (z. B. ist die Arbeit sinnvoll? Wie kann sie sinnvoll gestaltet werden?). Die Neugier oder das Staunen über die Welt lässt den Menschen darüber nachsinnen, welchen Platz er in der Welt innehat und welchen Beitrag er dazu leisten kann, sinnvolles zu tun.

- **Die Erkenntnisfähigkeit:** Die Wahrnehmung eigener Möglichkeiten ist ein Grundzug menschlicher Erkenntnis. Auf welche Art und Weise Menschen sich selbst und die Welt erkennen ist eine Frage der Wahrnehmung. Wenn Menschen sich mit ihrer eigenen, individuellen Erkenntnistheorie beschäftigen, dann eröffnet es ihnen die Erfahrung, dass es neben der eigenen auch andere Erkenntnistheorien gibt, was infolge dessen dazu führen kann, dass das Wissen, das man zu haben glaubt, in einem neuen Licht erscheint.

- **Vorstellungsgabe von Gut und Böse:** Menschen unterscheiden in die Kategorien Gut und Böse. Das heißt, jeder Mensch hat eine Ethik. Die Beschäftigung mit Philosophie kann dazu führen, dass Menschen sich ihrer Ethik bewusst werden. Dann werden sie erfahren können, dass andere Menschen eine andere Ethik haben. Hierdurch ist es möglich, dass die eigenen ethischen Auffassungen in einem anderen Licht erscheinen können.

---

[17]Karl Jaspers; S.92

- **Zielstrebigkeit:** Die Zielstrebigkeit des Menschen ist als Nährboden für sein Denken und für sein Handeln zu begreifen. Dies wird besonders deutlich zum Beispiel in den Beschreibungen von Firmenphilosophien, in denen die Denkweisen und die Handlungsmethoden zur Zielerreichung beschrieben werden, mit denen sich Mitarbeiter oder Kunden identifizieren können. Der Mensch will sich in ein Weltbewusstsein eingebettet wissen und handelt daher zielbewusst.

Ein großer Gewinn des Philosophierens besteht – in Sinne der Logik - in der Schulung des Denkens und des Argumentierens, denn sowohl in methodischer Hinsicht als auch beim sprachlichen Ausdruck werden im fachlichen Diskurs strenge Anforderungen an die Philosophierenden gestellt. Das akademische Philosophieren unterscheidet sich vom alltäglichen Philosophieren nicht prinzipiell durch die Fragen, sondern eher durch den Rahmen – in der Regel die Universität – und durch bestimmte Formen der Aus- und Abgrenzung philosophischer Tätigkeit. Es gelten verschiedene Übereinkünfte über die Formen des Argumentierens und der wissenschaftlichen Publikation sowie die zugelassene Fachterminologie.

Welche Bedeutung hat in diesem Zusammenhang die Philosophie für den beratenden Beruf und welche Kompetenzen des Beraters werden durch die Philosophie besonders gefördert, so dass sich hieraus ein professioneller Nutzen ableiten lässt? Schauen wir uns hierzu zwei Bereiche des Einsatzes von Philosophie an:

1. die Philosophie als Beruf und
2. der Nutzen der Philosophie für den beratenden Beruf:

- *Philosophie als Beruf:*

Da sich Philosophen und Philosophinnen grundsätzlich sich mit der Stellung des Menschen in der Welt sowie seinen Erkenntnis- und Handlungsmöglichkeiten beschäftigen ist ihr beruflicher Wirkungsbereich groß. Neben den Tätigkeiten an einer Universität als Forscher, Lehrender und Publizist, bereiten sie außerhalb des Universitätsbetriebes z. B. als Wissenschaftsjournalisten und -journalistinnen gesellschaftlich relevante Themen für ein breites Publikum auf, betreuen die philosophischen Abteilungen in Bibliotheken und Archiven, führen in philosophischen Praxen Gespräche mit

Ratsuchenden, in Behörden und Unternehmen beschäftigen sie sich z. B. mit Fragen der Wirtschaftsethik oder arbeiten als Experten für Sprache und Argumentation in der Öffentlichkeitsarbeit und im Marketing. Weiterhin arbeiten sie in folgenden exemplarischen beruflichen Bereichen:

- Verbände und Organisationen, die in der geisteswissenschaftlichen Forschung tätig sind (z. B. Ethikkommissionen).
- Verlage mit philosophischem Programm und zur Betreuung von Autoren und Übersetzern.
- Zeitungen mit zeitgenössischer und aktueller philosophischer Publizistik (Ethik, Politik, Gesellschaft, Erziehung etc.).
- Erwachsenenbildung und Beratung (Bildungsträger, Beratungsstellen).
- Firmen- und Politikberater (z. B. Consulting).
- Fernsehen zur mediengerechten Recherche und Aufbereitung von Informationsmaterial.
- Personalabteilungen zur Planung des Personaleinsatzes und Betreuung/Beratung von Personal in Unternehmen.

Philosophen betrachten Sachzusammenhänge aus unterschiedlichen Blickwinkeln. Für die Berufswelt, besonders für die beratende Brache, kann diese philosophische Betrachtungsweise von Menschen, Dingen und Vorgängen einen ganz praktischen Nutzen haben, wie wir nachfolgend sehen werden.

Philosophie lässt sich demnach vielseitig einsetzen. Aufgrund der hohen Sprachkompetenz und Analysefähigkeit gepaart mit historischen Kenntnissen ist die Philosophie recht vielseitig immer dort nutzbringend einsetzbar, wo es darum geht, Phänomene zu analysieren, zu erklären, zu deuten und Theorien zu Prozessen abzuleiten. Im Grunde kann man davon ausgehen, dass Philosophie mit ihrer Erkenntnistheorie in allen Bereichen ihre Wirkung entfaltet. Nicht umsonst erhält man auf der geisteswissenschaftlichen Ebne bei der Promotion den Titel „Dr. phil.“, Doktor der Philosophie. Dies betrifft zum Beispiel unter anderem die Erziehungswissenschaft, die Psychologie, die Soziologie oder die Kommunikationswissenschaft. Der Nutzen der Philosophie lässt sich praktisch umsetzen in den beruflichen Bereichen akademische Forschung und Lehre, Unternehmensberatung, Marketing, Journalismus, Lehrer, Lektorat,

Referententätigkeit, Koordinatorentätigkeit. Hierbei spielt es vor allem eine große Rolle in welchen Bereichen man Promoviert hat. Linguisten arbeiten im Sprachbereich, Pädagogen in Bildungseinrichtungen, Kommunikationswissenschaftler bei Zeitungen.

Die Fähigkeit, Sachzusammenhänge schnell zu erfassen, sich mit großen, gehaltvollen Textmengen zu beschäftigen, diese zu analysieren und brauchbar für bestimmte berufliche oder Alltagszusammenhänge zu handeln, sind Merkmale des praktischen Nutzens von Philosophie. Eine weitere Fähigkeit ist dabei vor allem angesiedelt in der Theoriebildung: Alle Vorgänge und Prozesse lassen sich in ihren Merkmalen theoriebildend kategorisieren. Dazu dienen Philosophen, da sie aus ihren Erkenntnisinstrumentarien die Gabe ableiten, neue Erklärungsmodelle bestimmter gesellschaftlicher, wirtschaftlicher oder sozialer Prozesse zu entwickeln.

- ***Der Nutzen der Philosophie für den beratenden Beruf***

Berufe ganz unterschiedlicher Zweige können einen Nutzen von der Philosophie haben. Beispielsweise bindet die Werbebranche die vielseitig verwendbaren Zitate von Philosophen in ihre Werbekampagnen mit ein und beratende Berufe können durch die Antworten der Philosophen mit Blick auf das menschliche Wesen, auf dessen Stellung in der Welt und seiner Entwicklung einen umfassendes Bild ihres Klienten entwerfen und somit ihre Beratung qualitativ verbessern.

Um den praktischen Nutzen der Philosophie für Menschen in beratenden Berufen zu verdeutlichen soll ein skizzenhaftes Beispiel aufzeigen, wie man z. B. Kenntnisse aus dem Bereich der Logik in einen Beratungsprozess einbauen kann:

Ein Klient stellt sich die Frage: Warum trifft es immer mich? Nun geht die Beraterin/der Berater mit den Erkenntnissen der Logik an die Beantwortung der Frage heran und nutzt dabei den 3. Satz der Logik: „Etwas kann entweder sein oder nicht sein." Sie/er sagt sich, das Schicksal kann den Klienten nicht zufällig permanent getroffen haben, sondern es muss eine schlüssige Erklärung für diese Schicksalsschläge und den damit zusammenhängenden Problematiken geben. Nun nutzt die Beraterin bzw. der Berater seine Kenntnisse aus dem →Determinismus und geht in seinen weiteren

Überlegungen davon aus, dass es bestimmte rationale, also erklärbare Ursachen für die Schicksalsschläge geben müsse.

In diesem Sinne lassen sich die Erkenntnisse aus den unterschiedlichen philosophischen Gebieten und Theorien in die Beratungspraxis einbauen. So kann es für die Beraterin bzw. den Berater sehr hilfreich sein, die Idee des Humanismus mit in den Beratungsprozess einfließen zu lassen, der mit seiner Anschauung den Menschen und die menschlichen Werte über alle anderen stellt. Diese Erkenntnis kann dann beispielsweise für einen Klienten mit einer problem- und gewaltbeladenen Partnerschaftsbeziehung den Nutzen haben, dass dieser seinen eigenen Wert in der Stellung seiner Beziehung, also seine menschliche Würde, erkennt und somit sein Bewusstsein über sich selbst steigern kann.

Beraterinnen und Berater können durch die vielseitigen philosophischen Erkenntnisse über ein umfangreiches Repertoire an Deutungsmöglichkeiten von Problemlagen und Lösungsmöglichkeiten verfügen, die unmittelbar mit den Fragen des Sinns des Daseins eines Menschen sowie mit seiner Problematik in der Welt zusammenhängen.

2.4 Philosophie und Bildung

Zur Erinnerung: *Was ist Philosophie?*

„Philosophie ist der Versuch des Menschen mit der Methode des Denkens seine Existenz, die von ihm wahrgenommene äußere Welt und sein eigenes Inneres zu erklären".[18]

Was ist Bildung?
„Es geht bei Bildung um die Fähigkeit zur Kommunikation und zum Dialog, um den Prozess, der einem Individuum zur Selbständigkeit und Freiheit verhelfen und die Möglichkeit zur Teilhabe am Kulturganzen bringen soll" [19].

Philosophie und Bildung

---

[18]Peter Möller. URL: http://www.philolex.de/einfph01.htm, Stand 15.08.2010
[19]Fischer, E. P.: Die andere Bildung. Ullstein Verlag Berlin 2001, S. 26

Beide Definitionsversuche weisen einen inneren Zusammenhang auf: Philosophie ist ohne Bildung und Bildung ist ohne Philosophie nicht möglich. Die Beantwortung der Frage des individuellen und allgemeinen Daseins des Menschen im Universum ist ohne das Wissen um den Lebenskontext, in dem der Mensch bzw. die Menschen geographisch, historisch, sozial und kulturell eingebettet sind, sachlich unmöglich.

Das Philosophieren ist so alt wie die Menschheit selbst, das heißt, seitdem die Menschen über sich und die Welt nachdenken, wird philosophiert und somit Bildung betrieben. Und so ist das auch heute noch: Der Mensch fragt nach dem Sinn seines Daseins und seines Handelns und er versucht sich diese Fragen systematisch unter Zuhilfenahme bestimmter Methoden mehr oder weniger sinnvoll für sich selbst oder für die Allgemeinheit zu erklären und zu beantworten. Die Philosophie scheint also auf den ersten Blick eine „Frage-Antwort-Wissenschaft" zu bestimmten Themenkomplexen zu sein, die – im akademischen Sinne - ontologisch, metaphysisch, erkenntnistheoretisch, logisch, dialektisch, hermeneutisch und mittels weiterer philosophischer Disziplinen an die Beantwortung der Fragestellung herangeht. Dabei ist es für die Bildung des Menschen von wesentlicher Bedeutung, dass man sich in der Geschichte der Entwicklung der Philosophie auskennt, um zu verstehen, mit welchen Fragestellungen sich die Menschen in den vorangegangenen Epochen und Kulturen beschäftigt haben. Diese Kenntnisse sind erheblich für die Beurteilung von Fragen und Antworten zu bestimmten Themen der Gegenwart.

Die Bedeutung der Philosophie und Bildung für das Leben und den Alltag
Grundsätzlich lässt sich erkennen, dass ein großer Gewinn des Philosophierens in der Schulung des Denkens und des Argumentierens besteht – hiermit ist also der Einfluss der Philosophie auf den Prozess der Bildung des Menschen erkennbar. Das akademische Philosophieren unterscheidet sich vom alltäglichen und individuellen lebensbezogenen Philosophieren nicht prinzipiell durch die Fragen, sondern eher durch die Rahmenbedingungen, wie Universität, Beruf, Familie oder Stammtisch. Und daher haben wir alle so eine Ahnung davon, was Philosophie ist. Selbst Menschen, die sich nicht ausdrücklich mit der akademischen Philosophie als solche beschäftigen, haben zumindest schon einmal das Wort „Philosophie" gehört oder selbst in irgendeinem Zusammenhang benutzt. Das Alltagswissen der Menschen leitet die gängigen Vorstellungen über das Wesen der Philosophie. Wir schreiben dem Begriff „Philosophie"

allerlei Bedeutungen zu, die wir wie folgt einmal exemplarisch an dieser Stelle aufführen wollen:

- Allwissenheit
- Anschauungsweise
- Ansicht
- Art und Weise
- Blickfeld
- Denkart
- Denkweise
- Einstellung
- Geheimwissen
- Geistigkeit
- Gesichtskreis
- Gesinnung
- Glaube
- Ideologie
- Lebensansicht
- Lebenseinstellung
- Lehre
- Meinung
- Motto
- Mysterium
- Sinnesart
- System
- Trend
- Verständnis
- Weltanschauung

Wie man unschwer feststellen kann, gibt es nach diesen unterschiedlichen Vorstellungen von Philosophie so viele Denkweisen wie es Menschen gibt. Jeder Mensch entwickelt seine individuelle Lebens-Philosophie, nach der er sein Denken, sein Handeln und somit seine Bildung ausrichtet.

Insgesamt kann man davon ausgehen, dass es für die Entwicklung von individuellen philosophischen Lebenskonzepten und Bildungsinhalten bestimmte Voraussetzungen gibt. Diese Voraussetzungen für eine bestimmte Lebensphilosophie, Lebenseinstellung bzw. Bildungsinhalten sind vor allem zu finden in den persönlichen, allgemeinen, beruflichen Umweltbedingungen und in der körperlichen, kognitiven, sozialen, emotionalen und moralischen Person selbst sowie in den Wechselwirkungen aller Komponenten untereinander:

- Persönliches Umfeld: Hierzu zählen die Familie, Freunde, Bekannte, Nachbarn, Vereine etc.
- Berufliches Umfeld: Hierzu zählen die Kollegen, die hierarchischen Strukturen, die Firmenorganisation, die Firmenziele, die eigene Stellung, Verdienst etc.
- Gesellschaftliches Umfeld: Hierzu zählen die staatlichen und gesellschaftlichen Institutionen, ihre obligatorischen Anforderungen sowie die epochalen Bedingungen in der sich die Menschen befinden wie Trend, Mode, Geschichte, Ereignisse etc.
- Körperliche Voraussetzungen: Hierzu zählen die genetische Beschaffenheit, das Aussehen, die innere Konstitution aller Organe, Kondition, Gesundheit und Krankheit.
- Kognitive Voraussetzungen: Hierzu zählen die Denkweise, die innere Haltung, die Art und Weise der Wahrnehmung, des Erkennens und der Beurteilung.
- Emotionale Voraussetzungen: Hierzu zählen die Gefühle, die Art der gefühlsmäßigen Beurteilung von Sachzusammenhängen, die Affekte, die „Gefühlspersönlichkeit".
- Moralische Voraussetzungen: Hierzu zählen das Beurteilungs- und Bewertungsvermögen gegenüber Lebewesen, Dingen und Vorgängen, das Rechtsempfinden und die Handlungsrechtfertigungen.
- Soziale Voraussetzungen: Hierzu zählen die Handlungen mit Bezug zu anderen Menschen und Gruppierungen und das Engagement in der Gesellschaft.

All diese Voraussetzungen und Bedingungen wirken sich auf die Entwicklung eines individuellen philosophischen Lebens- und Bildungsentwurfes aus; dieser wirkt sich im

Umkehrschluss wiederum auf die Entwicklung der jeweiligen Wirkfaktoren aus (Wechselwirkungsprinzip).

Ganz gleich, welche philosophischen Disziplinen ein Mensch sich aneignet, um sich einen speziellen Lebensentwurf oder eine prinzipielle Lösungsstrategie anzueignen, sie dienen letztlich allesamt dem Aufbau und der Ergänzung von Persönlichkeitsprofilen und Schlüsselqualifikationen, also von Bildungskonzepten. Diese sind, neben der eigentlichen beruflichen Fachlichkeit, notwendige Kompetenzkriterien bei der Ausführung von beruflichen Aufgaben und der Entwicklung und Bewältigung von strategischen Lösungsansätzen in beruflichen Zusammenhängen der Produktion, Beratung, Entwicklung, Logistik, Lehre, Pflege, Erziehung, Politik, Ökonomie, Justiz etc.

Philosophisch gebildete Menschen können vom beruflichen Nutzen her sowohl vielseitig einsetzbare Mitarbeiter und Mitarbeiterinnen als auch Kollegen und Kolleginnen mit einer „geistigen Vielseitigkeit" sein, die mit hohen Kenntnisständen in der eigenen Persönlichkeit und in den eigenen Schlüsselqualifikationen über ein breites Know-How über die berufliche Fachlichkeit hinaus verfügen:

Schlüsselqualifikationen:
Schlüsselqualifikationen ergänzen die fachlich-beruflichen Kompetenzen (Hard-Skills), die festlegen, auf welche Art und Weise mit der Fachlichkeit umgegangen und wie sie bewertet wird:

- ✓ Sozialkompetenzen (z. B. Kommunikation, Konfliktverhalten, Kooperation, Solidarität, Einfühlung, Fremdverantwortung).
- ✓ Methodenkompetenzen (z. B. logisches, analytisches, abstraktes, vernetztes Denken, Kreativität, Lernen, Rhetorik, Argumentation).
- ✓ Selbstkompetenzen (z. B. Motivation, Leistung, Ausdauer, Selbständigkeit, Zuverlässigkeit, Engagement, Eigenverantwortung, emotionale Festigkeit).
- ✓ Handlungskompetenzen (z. B. angemessenes, strategisches, zielgerichtetes, reflektorisches und zuverlässiges Verhalten und Auftreten).
- ✓ Medienkompetenzen (z. B. mündige und sinnvolle Nutzung, Auswahl, Gestaltung, Analyse, und Bewertung digitaler Medien).
- ✓ Metakompetenzen (z. B. Selbstreflexion, Selbstevaluation).

Persönlichkeitsprofil:

Das Persönlichkeitsprofil umfasst die Soft-Skills des Menschen. Sie beschreiben eine Reihe von persönlichen Eigenschaften, Fähigkeiten und Persönlichkeitszügen, die festlegen, ob die charakteristischen Merkmale einer Persönlichkeit zum persönlichen Anforderungsprofil einer Stellenbeschreibung passen:

- ✓ Interessen: Interessenbezogene Komponenten, wie Allgemeinwissen, Hobby-kenntnisse, außerordentliche Kenntnisse und Kompetenzen, politische Neigung, soziales Engagement, Neugier etc.
- ✓ Verhalten: Verhaltensbezogene Komponenten, wie Auftreten, Umgangsformen, Sprachgebrauch, Verhalten unter Extrembedingungen, Kontaktfreude, Toleranz, Hilfsbereitschaft etc.
- ✓ Leistung: Leistungsbezogene Komponenten, wie Reflexionsfähigkeit, Konfliktfä-higkeit, Belastbarkeit, Führungsstärke, Bindungsfähigkeit, Geduld, Nachsicht, motivierend etc.
- ✓ Prä-Dispositionen (vorgegebene Bedingungen): Festgelegte Komponenten, wie körperliches Aussehen, Gesundheitszustand, regional und sozial geprägte Mundart und Werte etc.
- ✓ Psyche: Innerpsychische Komponenten, wie Gefühlsausprägungen, Einstellun-gen, Denkmuster, Vorlieben, Normen und Werte etc.

Menschen, die sich philosophisch bilden sind demnach in der Lage, ihre Selbstkom-petenzen zu stärken und ihre Schlüsselqualifikationen zu erweitern. Weiterhin wendet sich die „Philosophische Bildung" in diesem Zusammenhang an Menschen, die ein Interesse an Erklärungen zu Selbst- und Fremdwirksamkeitsprozessen sowie an des-sen Welchselwirkungszusammenhängen haben und sich mit den drei Grundfragen be-schäftigen:

> ➢ *Wie wirken Menschen in der Welt?*

Diese Komponente will sich mit dem Individuum und seinen individuellen Entwick-lungs- und Erscheinungsformen beschäftigen. Was macht den Menschen aus, wie ent-wickelt er sich, was veranlasst ihn auf welche Art und Weise wahrzunehmen, zu fühlen, zu denken und zu handeln. Welche Handlungseinstellungen hat der Mensch gegen-über der Welt und wie kommen sie zustande? Welche Einfluss- und

Gestaltungsmöglichkeiten bieten sich dem Menschen, um sich in der Welt zu entfalten und diese mit zu gestalten? Welche philosophischen Methoden geben Antworten auf die Frage nach dem Wirken des Menschen in der Welt?

> ## *Wie wirkt die Welt auf Menschen?*

Dass die Welt als Lebensraum des Menschen einen entscheidenden Einfluss auf die Lebensgestaltung des Individuums und auf die Gestaltungsprozesse einer Gesellschaft, aber auch auf das Selbstverständnis der Nationen dieser Erde hat, steht außer Frage. Die entscheidenden Fragestellungen ergeben sich aus dem Zusammenhang des Lebenswillens des Menschen und seinen Anforderungen an die Ressourcen dieser Welt. Was bietet die Welt an Ressourcen und Bedingungen, damit der Mensch sich in ihr bewegen und entfalten kann? Wo sind die Grenzen? Kann sich der Mensch seinen Umweltbedingungen entziehen? Ist der Mensch sogar in der Lage, sich seine Umwelt selbst zu gestalten? Hierbei geben philosophische Disziplinen mögliche Antworten auf die Fragen nach dem Wirken der Umwelt auf den Menschen.

> ## *Wie hängen beide miteinander zusammen?*

Der Mensch lebt in einer vorgegebenen oder selbstgestalteten Umwelt. Die Umwelt liefert dem Menschen die Lebensbedingungen und die dafür notwendigen Lebensressourcen. Der Mensch scheint ein Räuber zu sein, aber auch ein Schöpfer. Wie hängen die menschliche Selbstgestaltung und die umweltbedingten Einflussfaktoren miteinander zusammen? Wie wirken beide aufeinander? Braucht der Mensch die Umwelt? Braucht die Umwelt den Menschen? Gibt es einen Zwischenweg zwischen Raubbau und Schöpfung? Was sagt die Philosophie dazu? Gibt es Methoden, um Ursachen und Wirkungen miteinander zu versöhnen und Wechselwirkungsprozesse konstruktiv zu deuten und zu nutzen?

Je nach Disziplin oder Methode der philosophischen Herangehensweise kann man beispielsweise ein und dieselbe Frage unterschiedlich beantworten (wir nehmen an dieser Stelle einfach mal zwei Methoden vorweg):

Ein Beispiel der Beantwortung nach der Methode der Logik:

Ein Mensch stellt sich die Frage: Woher komme ich? Nun geht er mit dem Instrument der Logik an die Beantwortung der Frage heran und nutzt dabei den 3. Satz der Logik: „Etwas kann entweder sein oder nicht sein." Er sagt sich, ich kann nicht einfach nur zufällig in die Welt gefallen sein, sondern es muss eine schlüssige Erklärung für meine Herkunft geben. Dabei nutzt er das Konzept des Rationalismus und gibt sich eine schlüssige Erklärung durch die Tatsache, dass Wissenschaftler beispielsweise der auf Experimenten und Ausgrabungen basierenden nachvollziehbaren Annahme sind, dass die Menschen in einem Entwicklungsprozess sich von den Tieren abgespalten haben und sich somit eine eigene Gattung entwickelt haben.

Das gleiche Beispiel noch einmal nach der Dialektischen Methode:

Ein Mensch stellt sich die Frage: Woher komme ich? Nun geht er mit der Disziplin der Dialektik an die Beantwortung der Frage heran: 1. These: Ich bin ein Produkt Gottes. 2. These (Antithese): Die Naturwissenschaft sagt, ich stamme von den Tieren ab. Zur Bildung einer Synthese bedient er sich des Konzeptes des Fatalismus und kommt zu dem Schluss, dass das Leben grundsätzlich durch eine höhere Macht vorgegeben bzw. vorherbestimmt sein muss, also stimme für den Fragesteller die „synthetische" Antwort, dass die Tiere von Gott abstammen und durch die Abspaltung des Menschen vom Tier dennoch die Aussage für ihn Gültigkeit habe, dass der Mensch letztlich auch von Gott abstamme.

Philosophie ist also immer auch Bildung. Zumindest zeigt die Entwicklung der Philosophie auf, dass die Menschen im Laufe der Menschheitsgeschichte sich auch in ihrem Bildungsbewusstsein und innerhalb ihrer Bildungsthemen weiterentwickelt haben und somit ihre Kenntnisse in den unterschiedlichen Gebieten erweitert haben.

3. Geschichtlicher Überblick über die Entwicklung der Philosophie

Abbildung 4: Philosophische Schulen[20]

„Wer nicht von dreitausend Jahren

sich weiß Rechenschaft zu geben,

bleib im Dunkeln unerfahren,

mag von Tag zu Tage leben."

(Johann Wolfgang Goethe)

In diesem Kapitel werden wir die philosophischen Disziplinen und Methoden, ihre Schulen, Konzepte und Instrumente skizzieren, um einen ersten Überblick über die philosophischen Strömungen zu erhalten. Das Denken und Handeln der Menschen sind stets von ihrer Epoche, von dessen Leitideen und Gegenströmungen geprägt. Beide Denkrichtungen, die progressiven (erneuernden) und konservativen (bewahren-den) Kräfte, sorgen mit ihrem Spannungsfeld für die eigentliche Entwicklung der

---

[20]Quelle: Immanuel-Kant-Gymnasium Münster; http://www.muenster.de/~kanttest/fach/f-philo/f-phil03.htm

Menschheit in den jeweiligen Bereichen körperliche, kognitive, emotionale, soziale und moralische Entwicklung. Diesen Vorgang kann man sich in etwa wie folgt vorstellen:

Beispiel:

In einer Kindertagesstätte für 60 Kinder im Alter von 6 bis 12 Jahren gibt es ein pädagogisches Konzept, welches die Kinder in 3 Gruppen mit einer jeweils fest zugeteilten Erzieherin einteilt. Die Gruppen sind in sich geschlossen, das heißt die Alltagsabläufe und pädagogischen Angebote finden ausschließlich in den jeweiligen Gruppen statt. Die Leitidee, die hinter diesem Konzept steht, baut auf der Argumentation auf, dass die Kinder feste Bezugsrahmen benötigen, um in einer vertrauten und verlässlichen Umgebung eine maximale Entwicklung zu erhalten. Als von den älteren Kindern verstärkt der Wunsch geäußert wird, sich doch auch mit anderen, gleichaltrigen Kindern aus den anderen Gruppen zu treffen, um etwas miteinander unternehmen zu können, fasst diesen Gedanken eine Erzieherin auf und bringt die Idee der Gruppenöffnung mit der Einrichtung von Neigungsgruppen (z. B. mit Kindern gleichen Alters oder mit gleichen Interessen) in das Team ein. Die konservativen Kräfte unter den Erzieherinnen sind zunächst dagegen. Die erneuernden Kräfte unter den Kindern und der einen Kollegin drängen jedoch darauf, das Konzept an die sich ändernde Realität anzupassen. Nach einigen Diskussionen im Team hat man sich auf einen Kompromiss geeinigt: Die Öffnung der Gruppen zunächst in einem Projektrahmen teilweise und für bestimmte Angebote zu bestimmten Zeiten zuzulassen. Die Änderung wird im Konzept installiert und künftig für weiteren Entwicklungsstoff sorgen...

Aufgabe

Recherchieren Sie einmal, in welchen Bereichen es in Ihrer Familie, in Ihrer Firma oder in Ihrem Verein progressive und konservative Kräfte gibt, die einander widerstreiten. Skizzieren Sie den Auseinandersetzungsprozess auch kurz unter der Fragestellung, welche Auswirkungen dieses Spannungsfeld auf die Entwicklung der jeweiligen Organisation hat!

Philosophiert wurde zu jeder Zeit. Und jede zeitliche Epoche hat ihre eigenen Themen. So hat man in der Antike methodisch anders sowie über andere Themen philosophiert als wir es in der Moderne tun. Man kann sogar sagen, dass die historische Entwicklung der Philosophie eine Art Erwachen der Menschheit ist, sozusagen ein geistig evolutionärer Vorgang des menschlichen Denkens und Bewusstseins über sich selbst und über die Welt, wie Dietrich Schwanitz treffend formuliert:

„Mit der Erfindung der Philosophie eröffnen die Griechen eine neue Epoche der Menschheit. Das Denken entdeckt sich selbst, befreit sich aus den Fesseln der Religion und gibt sich selbst die Gesetze."[21]

Hiermit wird aufgezeigt, dass der Mensch durch sein Denken und das Denken selbst einem Entwicklungsprozess unterliegt, den wir an dieser Stelle skizzieren wollen. Die philosophischen Epochen mitsamt ihren Strömungen und den wichtigsten Philosophen lassen sich dabei recht leicht überschauen und nachfolgend grob skizzieren.[22]

3.1   Antike

Altchinesische Philosophie (ca. 2000 v. Chr.-1000 n. Chr.)

Die alte chinesische Philosophie kann man als „Philosophie des Weges" (Dao) bezeichnen. Sie ist eine Verknüpfung von religiösem und philosophischem Denken. Ihr Wesen umfasst die Vereinigung eines sehr ausgeprägten metaphysischen Charakters mit den alltagspraktischen Wissenschaften (z. B. Feng-Shui; wörtlich: „Wind und Wasser") und Künsten (z. B. Yin und Yang = Harmonie in allen Strömungen des Universums). Ihre Hauptströmung geht davon aus, dass nichts im Leben statisch ist, alles im Fluss ist und einem steten Wandel unterliegt. Frieden und Wohlergehen kann nur derjenige erleben, der zur Harmonie mit diesem Grundzug des Daseins findet. Wichtige Vertreter dieser Philosophie waren zum Beispiel Konfuzius, Lao Tse.

---

[21]Dietrich Schwanitz, S.65
[22]vgl. Rüdiger Bubner, 1978/81; Hans Joachim Störig, 1983/84; James Redfield, 2002; Dietrich Schwanitz, 2003

Frühe indische Philosophie (ca. 1600-500 v. Chr.)

Die indische Philosophie zählt zu den ältesten Philosophien der Menschheit. Die heiligen Schriften der Veden werden als die ältesten religiösen Texte der Menschheit bezeichnet. In ihnen werden Gebete, Heilung und Ernährung sowie die Yoga-Praxis beschrieben. Die Veden und Upanischaden („zu Füßen des Meisters" = Lehren) führten die Menschen erstmals aus der religiösen Vorstellung von der Welt in eine spirituelle Lehre, die die Menschen in Heilung, Ernährung und in die Dichtkunst unterweist. Formen der meditativen Übungen führen den Menschen zu einer unmittelbaren Erfahrung mit dem „Allerhöchsten" (Brahman) und somit zu einer Erkenntnis seines Selbst (Atman). In dem Einssein mit dem Brahman wird die Allgegenwärtigkeit der Wirklichkeit erfahrbar. Die praktische Ausführung der Selbstfindung und Selbstbefreiung, also die Methode über Gott zu sich selbst zu finden, mündet in den religiösen Riten des indischen Buddhismus.

Griechische Philosophie *(ca. 600 v. Chr. – 300 n.Chr.)*

Etwa im 6. Jahrhundert vor Christi setzt in Griechenland eine geistige Bewegung ein, die wir heute als → *abendländische* Philosophie bezeichnen. Das Aufkommen der griechischen Philosophie befreite die Menschen von der Alleinstellung der theologischen Vorstellungen über die Welt. Wachsender Reichtum durch Kriege und Handel in den Griechischen Städten ermöglichten der Menschheit neue kulturelle Entwicklungen in den Bereichen Politik, Philosophie, Mathematik, Geschichtsschreibung und der Künste. Durch sie wurden die Grundfragen aufgeworfen, die sich mit dem Sinn des Seins überhaupt beschäftigen. In der griechischen Philosophie liegt die Urbewegung des menschlichen Denkens begründet.

Die griechischen Philosophen wie z. B. Pythagoras (570-510 v.Chr.) begannen mit der Geburtsstunde der Naturphilosophie zunächst die Natur der stofflichen Dinge in Beziehung zur menschlichen Seele zu setzen (Ursache-Wirkungs-Prinzip). Sie Naturphilosophen gingen davon aus, dass alle Dinge auf ein ursprüngliches Prinzip, und zwar auf einen „Urstoff" zurückführen seien. In einem nächsten Schritt entwickelten die drei großen Philosophen der Antike, Sokrates, Platon und Aristoteles die uns bekannten Philosophischen Zweige Logik, Metaphysik, Ethik, Gesellschaftsphilosophie, Ästhetik und die Pädagogik. Zuletzt setzten sich die antiken Philosophen verstärkt mit den ethischen Themen auseinander, die Skeptiker traten in Erscheinung und erhoben den Zweifel zum Prinzip des Denkens der davon ausgeht, dass eine nachweisbare Erkenntnis von Wirklichkeit nicht möglich sei. Erste Zweifel an den Prinzipien des Denkens haben die akademischen Skeptiker z. B. um Arkesilaos (315-241 v.Chr.) erhoben. Der Neuplatoniker Plotin (205-270) n.Chr.) schrieb allen Dingen und den Seelen einen einzigen Ursprung zu, welche stets zu diesem zurückstreben.

Sokrates (470-399) holte die Philosophie von der Natur in die Gesellschaft und legte damit den Grundstein der Gesellschaftsphilosophie. Da Sokrates sah, dass die Religion für eine moralische Begründung der Politik nicht mehr ausreichte und wollte die Elite Athens mit der Erziehung zu selbstständigem Denken regierungsfähig machen. Hierzu entwickelte er das Dialektische Denken, die → *„Sokratische Methode"*. Mit seiner Philosophie wollte er das Selbstverständliche auf den Prüfstand stellen und somit auch eine kritische Haltung gegenüber gesellschaftlichen Normen fördern. Sokrates Verdienst ist es, dass das Denken als Dialog unter den Menschen verstanden wurde und damit die Idee von Demokratie weckte. Philosophie entfaltet sich als Rede und Gegenrede, als Methode, um eine Sache von allen Seiten her zu betrachten.

Platon (427-347 v.Chr.) entwickelte praktische Regeln für ein gutes Leben, zur Verbesserung der Erziehung und der Politik (z. B. Einführung der Städtischen Demokratie) und befasste sich mit der Erkenntnisphilosophie („Wer sind wir und wie ist Erkenntnis möglich?") sowie mit der Metaphysik („Was ist hinter den Dingen?"). Sein Ziel war es, möglichst viele Menschen für seine Lehren zu gewinnen. Platon legte das philosophische Programm für die kommende Zeit fest: Für ihn war die Welt zweigeteilt in Jenseits und Diesseits: ein Reich des ewigen Seins und ein Reich der wechselnden Erscheinungen. Die wahre Wirklichkeit bestehe aus Ideen, von denen die Einzeldinge nur Abbilder dieser Ideen seien.

Aristoteles (384-322) schuf die formale Logik mit ihren „Drei Sätzen der Gesetzmäßigkeit des Denkens" und verfasste das Lehrbuch „Rhetorik". Er entwickelt die Metaphysik von Platon weiter und nennt die Ideen Stoff und die Erscheinungen Form. Beide, Stoff und Form, sind nicht mehr Teile aus zwei Welten wie bei Platon, sondern sind zwei Teile innerhalb der gleichen Welt, die zusammen ein Stoff-Form-Verhältnis bilden: So könne beispielsweise der Ton der Stoff sein, und der Backstein die Form, der wiederum Stoff für ein Haus sein könne. Die reine Form ist nach Aristoteles göttlicher Geist und somit die erste Ursache, die aus Stoff Form werden lasse, alle weiteren Dinge sind in Form und Stoff gemischt. Von nun an ist nach der gegliederten Welt des Seins von Aristoteles festgelegt, dass die Seele Form ist und der Körper Stoff.

3.2   Mittelalter

Patristik (ca. 1. Jahrhundert. n. Chr. – 800 n. Chr.)

Die Zeit der Patristik (Patriarchen, Kirchväter) wurde durch das Auftreten des jüdischen Propheten Jesus von Nazareth Jahren eingeleitet. Die Leitidee der Juden war geprägt von einem kommenden Erlöser, der die spirituell ertaubten Menschen, im Sinne eines Lebens, welches sich in der Beziehung zu Gott in der Schaffung einer gerechten Gesellschaft, wieder aufrichten sollte. Die zentrale Aussage von Jesus ist die Liebe Gottes zu den Menschen, der jeder einzelne gläubige Mensch teilhaben kann und an seine Nächsten – und sei es auch sein Feind – weitergeben soll, damit sich die Herrlichkeit Gottes und der Frieden unter den Menschen auf Erden erfülle. In diesem Sinne bildeten sich die ersten christlichen Gemeinschaften sowie die erste christliche Kirche in Rom (ca. 311-314 n.Chr.). Das frühe Mittelalter war geprägt von Christlichen und Anti-Christlichen Strömungen (Gnostiker). Die Gnostiker vertraten hauptsächlich die Auffassung, dass die menschliche Seele zunächst durch einen schöpferischen Gott als Kampfplatz zwischen Gut und Böse geschaffen sei und nur durch die Erlösung eines gnadenspendenden Gottes befreit werden könne. Diese Auffassung fand ihren Höhepunkt in der früh- und spätmittelalterlichen Heiligen Inquisition, bei der die damaligen Wächter über Glauben, Moral und Sitte festlegten wer von einem schöpferischen oder einem erlösenden Gott „besessen" war und so bestimmten, was als Gut und was als Böse zu gelten habe.

Scholastik (ca. 500 n. Chr. – 1400 n. Chr.)

In der Zeit der scholastischen Philosophien (Scholastik = Schule, Verschulung, Bildung) zählt die Auseinandersetzung mit dem Werk Aristoteles. Die Scholastik beschäftigte mit den Begrifflichkeiten, die die Menschen zur Bezeichnung von äußeren und inneren Dingen (z. B. Realitäten; Meinungen) benutzen. Dabei stellte sich die Frage, ob diese nun individuell oder verallgemeinert, also universell angewendet werden dürfen (Universalienstreit): Die → *Nominalisten* behaupteten dabei, dass sich das Wort nicht von der Realität trennen lasse – Wird das Wort ausgesprochen, ist es Inbegriff der Realität. Der Realismus dagegen behauptete, dass es eine Wirklichkeit auch außerhalb des menschlichen → *Bewusstseins*, also auch außerhalb des gesprochenen Wortes, gebe. Spätere Vertreter um Wilhelm von Ockham (1290-1349) gingen von der Annahme aus, dass die Begriffe nicht Abbilder, sondern lediglich Zeichen der Realität seien, also Hilfsmittel, um die Realität zu beschreiben (Neo-→*Nominalismus* – Neo = Neu).

In die Zeit der Scholastik fällt auch die Mittelalterliche Mystik. Sie beschäftigte sich beispielsweise mit dem Bestreben, das Übersinnliche und Göttliche durch Abkehr von der Sinnenwelt und Versenkung in die Tiefe des eigenen Seines (Meditation) zu erfassen. Der Begründer der mittelalterlichen Mystik, Meister Eckhard (1216–1328), ging davon aus, dass der Mensch in jedem Augenblick seines Lebens die Möglichkeit hat abseits von der Außenwelt in sein eigenes Inneres zu blicken und sich durch das Aufgehen des eigenen Bewusstseins in Gott mit diesem eins zu werden. Hier wurde der Grundstein dafür gelegt, dass der Mensch sich ein eigenes Bild von den Dingen der Welt zu machen in der Lage ist und in diesem Sinne führte Meister Eckhard erstmals den Begriff der „Bildung" in die deutsche Sprache ein.

3.3 Renaissance (1400 – 1600 n. Chr.)

Nach der Institutionalisierung des Christentums im Mittelalter und seiner Auswüchse des Elends und der Armut durch die permanenten Kriege „stöberte" eines Tages ein gelehrter Künstler namens Petraca (1304-1374) in den Florenz (Italien) in den alten Mönchsklöstern in den erhaltenden griechischen Schriften der Antike. Seinem Engagement ist es zu verdanken, dass die Klassiker, allen voran das Werk Platons, mit ihren für die damalige Zeit „modernen" Gedanken eine Renaissance, eine „Wiedergeburt", ein „Wiedererwachen" erleben durften und mit Ihnen der philosophische Humanismus in Italien und Frankreich geboren wurde. Es begann eine Anschauung bei der die Natur, vor allem die des Menschen, höher bewertet wurde als das Übernatürliche und der individuelle Ausdruck höher als anonyme Frömmigkeit. Dies hatte zur Folge, dass der Humanismus das Ideal einer an der Antike orientierten rein menschlichen, also nicht theologischen Bildung aufstellte. Der französische Humanismus prägte dabei das Ideal von Toleranz und Bildung. Die „Wiedergeburt" des Menschen der Antike durchzog alle Lebensgebiete und brachte zumindest in Italien einen Reigen schöpferischer Genies auf den Gebieten der Künste hervor. Gelehrte dieser Zeit erfreuten sich an der klassischen Literatur, an der Rechtsphilosophie, sie begeisterten sich für Politik, Architektur Ästhetik, Geschichte und Ethik. Und endlich stellte der italienische Gelehrte die wichtige Erkenntnis auf, dass Gott dem Menschen bei seiner Geburt die Keime zu jeder Möglichkeit mitgibt. Die Handels- und Entdeckungsseefahrten (Entdeckung Amerikas), die Abkehr vom terrazentrischen zum heliozentrischen Weltbild (von der Erdscheibe zum Planeten) sowie die Erfindung des Buchdruckes sind weitere Meilensteine bei der Unterstützung der Entwicklung des menschlichen Denkens dieser Epoche. Der Verdienst der Gelehrten in dieser Zwischenzeit des Mittelalters und der Neuzeit lag in der Hauptsache darin begründet, die antiken Gedanken von der Scholastik befreit und die weltlichen, kreativen Kräfte des Denkens und der Kunst freigesetzt zu haben im Sinne der Wegbereitung zu einer religiösen, politischen und gesellschaftlichen Umwälzung der nun folgenden weltverändernden Epoche, nämlich der Neuzeit.

3.4 Neuzeit (ab ca. 1600 – 1800 n. Chr.)

Die neuzeitliche Philosophie ist gekennzeichnet durch die radikalen Gedanken der Aufklärung mit dem Kernstreit zwischen Glauben und Vernunft. Die Aufklärung räumte mit der Unwissenheit der Menschen auf. Sie leitete aktive eine Veränderung des gottzentrierten Weltbildes hin zum menschzentrierten Weltbild ein. Der Grundgedanke der Aufklärung lag im neuen Welt- und Selbstverständnis des Menschen: Der Mensch wird hier erstmals verstanden als ein Einzelwesen (Individuum) mit eigenen Erfahrungen welches von Natur aus gleichberechtigt zu allen anderen Menschen mit ihren Erfahrungen ist. Der Einzelne hat dabei das Recht auf seine persönliche und gesellschaftliche Entfaltung. Von nun an sollte der der Erwerb von Bildung die einzige Voraussetzung für die Möglichkeit eines gesellschaftlichen und politischen Aufstieges darstellen. Die politische Aufklärung mündete in den ersten demokratischen und vordemokratischen Staatsformen in England (1688), Amerika (1776) und Frankreich (1789).

Gleichzeitig begann auch der Aufstieg der Naturwissenschaften, deren auf Vernunft basierende (rationale) und nachvollziehbare Erkenntnisse den „Logenplatz" für die Wahrheitsfindung einnahmen (Rationalismus): Der verbissene Eifer der Naturwissenschaften, die einzige Wahrheit für die Existenz des Seins zu kennen, grenzte alsbald an den „Glaubensfanatismus" der christlichen Institutionen des Spätmittelalters. Die Naturwissenschaften bekämpften alles was sich mit der Innenwelt des Menschen beschäftigte und Erklärte nur naturwissenschaftlich-methodisch gewonnene Forschungserkenntnisse als gültig an. Im Zuge dieser Entwicklung entstanden überall in Europa die ersten wissenschaftlichen Akademien in Florenz, London, Paris, Berlin und St. Petersburg, womit zuletzt der gesamte Fortschritt auf den Gebieten der Technik, Medizin und der Wirtschaft zur Unterbreitung von Wohlstand und Freiheit angelegt wurde. Dennoch setzte mit der Kritik an der radikalen Entwicklung des Rationalismus und an der reinen Vernunft eine durch Immanuel Kant eingeleitete geistige Gegenbewegung, der Deutsche Idealismus, ein.

Als Gründungsvater der Neuzeit gilt der Franzose René Descartes (1596-1650). Geprägt von den sinnlosen religiösen Glaubenskriegen seinerzeit (30järiger Krieg von 1618-1648) richtete Descartes seine Gedanken auf die philosophischen Prinzipien der Mathematik und der Logik, um auf ihnen ihr Weltvertrauen und Wahrheitskonzept zu gründen. Descartes wollte eine Philosophie begründen, deren Aussagen so grundlegend und logisch sein sollten wie die der Mathematik. Der von ihm ausgesprochene Satz „Ich denke, also bin ich" ist wegweisend für seine Philosophie, die das Ich bzw. das Subjekt zum Urprinzip des Seins erhebt, da mit dieser Aussage das Ich sich nicht selbst wegdenken kann. Während die Philosophen vorher mit ihren Überlegungen von der Welt der Objekte ausgegangen sind, verlegt Descartes die philosophischen Überlegungen nun ins Bewusstsein des Menschen. Descartes ging davon aus, dass alles mathematisch zähl- und messbare denkenswert sei wie beispielsweise Gestalt, Bewegung, Zahl. Geschmack, Geruch, Wärme und Farbe waren für ihn diejenigen Dinge, die erst das menschliche Bewusstsein den Dingen hinzufüge. Von nun an standen sich das Subjekt (Geist) und das Objekt (Materie) in Wechselwirkung gegenüber. Descartes ließ nur gelten, was vom Verstand her erfassbar war und wurde somit auch zum Gründungsvater des Rationalismus.

Neben dem französisch geprägten Rationalismus begründet sich in England der Empirismus. Diese von unter anderem Thomas Hobbes und John Locke erkenntnistheoretische Richtung der Philosophie, leitete alle menschlichen Erkenntnisse aus der direkten Sinneserfahrung, der Beobachtung oder dem Experiment ab. Der Empirismus ging davon aus, dass nichts verstandesmäßig erfassbar sein, wenn dies nicht vorher durch die Sinne erfasst worden wäre. Ideen entstünden demnach allein aus den Sinneswahrnehmungen und den hieraus gewonnenen Erfahrungen.

Im Zuge des Rationalismus und Empirismus entwickelte sich in Deutschland der Deutsche Idealismus um Immanuel Kant. Während die Engländer einen demokratischen Staat haben und Empiriker sind, die Franzosen einen zentralen Verwaltungsstaat haben und Rationalisten sind, haben die Deutschen keinen einheitlichen Staat und bewegen sich philosophisch „im Reich der Spekulationen" und werden Idealisten. Für Immanuel Kant ist alle Realität geistig. Was heißt das? Kant drehte die Blickrichtung einfach um: er schaute nicht mehr auf die Realität und fragte sich dann, wie der der Verstand diese richtig abbilden könne, sondern er fragte sich umgekehrt, wie die Erkenntnis vor der Erfahrung ausschauen mag? Kant schloss daraus, dass der Verstand nicht zur Erfahrungswelt gehöre, die er dann erkennt, sondern der Verstand bringe die Welt erst hervor, und zwar durch die Art und Weise wie der Verstand die Realität konstruiere. Der Verstand wird nicht mehr als Teil der Welt gesehen, sondern als ihr Ursprung. Hiermit ist der Grundstein für den → *Konstruktivismus* gelegt. Kant war zu der Erkenntnis gelangt, dass der Mensch nicht in der Lage sei zu wissen wie die „Welt und die Dinge an sich" seien, wohl aber dasjenige was der Mensch erkenne, erkenne er Kraft seines Verstandes. Der Verstand liefere somit die Erfahrung des Menschen gleich mit. Kant hat somit das Verständnis von Erkenntnis grundlegend verändert: Nicht der Geist bilde die Welt ab, sondern der menschliche Geist konstruiere die Realität, jeder Mensch für sich selbst.

3.5   19. Jahrhundert

Das 19. Jahrhundert war geprägt von naturwissenschaftlichen Erfindungen und Entdeckungen, die einerseits die technische Entwicklung und deren sozialen Folgen beschleunigte, was in Folge dessen Karl-Marx dazu veranlasste, den → *Materialismus* unter die Lupe zu nehmen und seine sozial-gesellschaftliche Kritik an den wirtschaftlichen Verhältnissen zu verfassen. Andererseits entdeckte die Biologie durch Charles Darwin (1809-1882) die Evolution des Menschen und hievte somit den Homo Sapiens aus dem Schöpfungsmythos der Bibel hinein in eine naturwissenschaftliche Sichtweise der menschlichen Entwicklungsgeschichte. Die Philosophen suchten zum einen den Sinn des Seins in der Geschichte. Der Historismus um Friedrich Hegel und ging davon aus, dass alle Tatsachen, Normen, Institutionen und Werte relativ zu einer Zeit, einem Volk oder einer Kultur zu betrachten seien. In Frankreich beschäftigte sich andererseits die Philosophie mit dem Positivismus nach Auguste Compte (1798-1859). Hiernach müssen sich alle philosophischen und naturwissenschaftlichen Aktivitäten auf die Untersuchung von Tatsachen beschränken, die durch Erfahrung überprüfbar sind. Auf diese Art sind naturwissenschaftliche Methoden auch auf soziologische Forschungen anwendbar. Die absolute Erkenntnis werde dadurch erreicht, dass der menschliche Geist sein Forschungsinteresse auf die innerste Natur der Wesen und Dinge richte, die als erste und letzte Ursache der aller Wirkungen, die den Menschen betreffen, gelten.

Der Deutsche Idealismus nach Kant spielte bei der Entwicklung philosophischen Denkens eine entscheidende Rolle: Während man vorher noch immer der Ansicht war, dass die Welt als Ganzes kein Ziel verfolge, haben die Deutschen Idealisten um Hegel für einen grundlegenden Wechsel der Perspektive gesorgt: Die Welt ist Teil eines evolutionären Plans, bei der die Welt in ihrer Entwicklung stets immer höhere Existenzformen hervorbringt. In dieser Entwicklung zeige sich die Göttlichkeit, die selbst Teil dieser Entwicklung ist, da die Menschen einem evolutionären Ziel, nämlich dem Göttlichen selbst Zustreben. In dieser Evolution des Menschen ist das Erwachen des Geistes, also die Bildung des Bewusstseins angelegt. Der Mensch ist somit durch Gottes schöpferische Hand zur Entwicklung seines Geistes hin angelegt und wird zuletzt dadurch selbst gottähnlicher Schöpfer.

Georg Friedrich Hegel (1770-1831) versuchte die vorkantsche Sichtweise des Geistes mit der kantschen Sichtweise dialektisch zu verbinden: Während der Geist zuvor selbstvergessen die Welt betrachtete und nicht an sich selbst dachte (These), warf der Geist durch Kant den Blick auf sich selbst, um seine eigene Beteiligung am Ergebnis der Erkenntnis herauszuarbeiten (Antithese). Hegel entwarf eine Synthese, in dem er feststellte, dass der beschriebene Gegensatz (These-Antithese) nur eine vorübergehende Durchgangsstufe der Entwicklung ist und entwickelte heraus eine geschichtsphilosophische Einsicht, ein alles beherrschendes Realitätsmodell: die Geschichte als Zeugin und Schöpferin der Entwicklung des Seins.

Für Karl Marx (1818-1883) ist die Realität nicht geistig, sondern materiell. Seine Philosophie steht auf den Fundamenten des Materialismus. Seine Vorstellung von Materialismus stützt sich auf zwei Säulen: der dialektische Materialismus und der historische Materialismus. Für den dialektischen Materialismus bestand die Materie vor dem Geist. Es wird angenommen, dass der menschliche Geist Dank der von Hegel entwickelten Dialektik (siehe vorherigen Absatz) durch → *Negation der Negation* eine neue Qualität (Synthese) bzw. Aussage gewonnen wird und dadurch eine höhere Entwicklungsstufe erreichen wird. Der historische Materialismus vertritt die Auffassung, dass das menschliche Bewusstsein durch die soziale Realität geprägt wird. Konkret besteht für Marx der dialektische Widerspruch nicht zwischen Bewusstsein und Selbstbewusstsein, sondern der zwischen Produktionsbedingungen und der ungleichen Verfügungsmacht über die Produktionsmittel, also zwischen Arbeit und Besitzverhältnissen. Dieser Widerspruch führe zur Aufteilung der Menschen in Klassen; damit sieht Marx den Klassenkampf als Motor der Geschichte an.

Daneben findet man noch den lebensphilosophischen Ansatz von Arthur Schopenhauer (1788-1860). Für Schopenhauer besteht die Welt nach seiner Erkenntnistheorie nicht ausschließlich in den Köpfen der Menschen, sondern es gibt eine vom menschlichen Denken unabhängige objektive Wirklichkeit. Schopenhauer ging davon aus, dass die Welt in Form der menschlichen Vorstellung existiere und in Gegensatz dazu das Wesen des Ich darin bestehe, dass es den Willen zum Leben in sich trage. Für ihn ist die Welt Wille und Vorstellung. Die Lebensphilosophie ist eine Philosophie, die das Leben, welches mit den Mitteln des bloßen Denkens nicht zu erfassende „lebendige" Leben verstehen will. Bei der Erfassung des Lebendigen und des Lebens werden die Intuition, die Gefühle und das Erleben der Logik vorgezogen.

3.6   20. Jahrhundert und Gegenwart

„Die Philosophie des 20. Jahrhunderts ist ungewöhnlich reich an Ideen und an ausgearbeiteten Theorien. Das umfassende allgemeine Interesse, das ihr entgegengebracht wird, die große Mannigfaltigkeit unterschiedlicher Fragestellungen und Antwortversuche, das hohe technische Können in der philosophischen Darstellung des Denkens machen diesen Zeitabschnitt zu einem eminent philosophischen", schreibt der Philosoph Reiner Wiehl[23]. Die Philosophie des 20. Jahrhunderts steht unter dem Einfluss der Philosophie des 19. Jahrhunderts, weil viele der der bedeutendsten philosophischen Autoren gehören von ihren äußeren Lebensdaten und von der Entstehungszeit ihres Denkens beiden Jahrhunderten an, wie zum Beispiel Siegmund Freud (1856-1936). Aber auch die im 20. Jahrhundert geborenen Philosophen berufen sich in ihren philosophischen Gedanken auf die Autoren des 19. Jahrhunderts wie beispielsweise die Orientierung der zeitgenössischen Gesellschaftskritik an Marx' Kritik der politischen Ökonomie.

Zu Beginn war das 20. Jahrhundert einerseits durch die Erkenntnisse der durch Siegmund Freud entworfenen Psychoanalyse und infolge dessen die der Psychologie geprägt. Die Beschreibung des menschlichen Innenlebens wie das Reich des Unbewussten und seine Macht im seelischen Leben des Menschen wirft bis heute ein neues Licht auf die Probleme der Erkenntnistheorie, der Ethik, der Anthropologie. Andererseits war der Anfang des 20. Jahrhunderts von einer starken Fortschritts- und Wissenschaftsgläubigkeit geprägt. Die Epoche war gekennzeichnet durch die tiefen politischen und sozial-gesellschaftlichen Spaltungen, welche allesamt in den beiden verheerenden Weltkriegen (1914-1918 und 1939-1945) mündeten. Die naturwissenschaftlichen Errungenschaften (z. B. Atomphysik, Gentechnik) machten der Menschheit bewusst, welche naturwissenschaftlichen Mächte sie geschaffen hatten (z. B. Atomspaltung, Raumfahrt, Mobilität, Computer). Allein das Überleben der gesamten Menschheit war davon abhängig, wie die politischen Mächte mit den kontrollierten „Naturkräften" (z. B. Nuklearwaffen, Nuklearenergiegewinnung) umzugehen pflegten. Insbesondere durch diese „gefährliche" Situation war die Menschheit genötigt, nach Konfliktlösungen zu suchen, die eine nukleare Katastrophe globalen Ausmaßes zu verhindern wusste. Die Erkenntnis der Selbstvernichtung führte zur Entwicklung neuer Denkansätze auf den Gebieten eines konstruktiven und kooperativen sozialen, geistigen und wirtschaftlichen globalen Miteinanders. Hierbei kamen auch die Fortschrittskeptiker in der Philosophie wieder stärker zur Geltung. Es erfolgte daraufhin auch eine Renaissance der frühindischen und altchinesischen Philosophien vor allem in der Kunst und in der

---

[23]Reiner Wiehl, S. 7

Umsetzung der Lebensbewältigung mit der Suche nach ganzheitlichen und harmonischen Lösungsstrategien auf die Bedrohungen des ausgehenden 20. Jahrhunderts.

Einen entscheidenden Einfluss auf die Philosophie des 20 Jahrhunderts gewann die moderne Physik. Der Begriff der Materie wurde – vereinfacht ausgedrückt – durch die Atomphysik problematisch. Die Naturwissenschaft hat erkannt, dass das Atom (griechisch = unteilbar) keineswegs der letzte unteilbare körperliche Bestandteil des Wirklichen ist, sondern höchst komplizierte Gebilde. Von nun an konnte keine Rede mehr davon sein, dass der Materialismus eine einfache Erklärung des Weltganzen ermöglicht, weil die Materie selbst einer Erklärung bedarf. So ist der Begriff der Materie mit dem der Energie verschmolzen wodurch die Materie selbst nur als eine → *Manifestation* der Energie gilt: Die subatomaren Bausteine der Welt können nicht als rein körperliche Bestandteile aufgefasst werden, sondern als etwas, was unter bestimmten Beobachtungsbedingungen entweder als Punkt im Raum oder als Welle auftritt.

Neben dem oben beschriebenen naturwissenschaftlichen Einfluss auf die Philosophie sind andere philosophische Richtungen wie beispielsweise die Lebensphilosophie, Historismus, auch die Existenzphilosophie, eher geisteswissenschaftlich orientiert.

Martin Heidegger (1889-1976) prägte im 20 Jahrhundert die Ontologie nachhaltig, indem er die Frage nach dem Sinn des Seins wie folgt skizziert beantwortete: „Der Mensch ist ein in der Welt seiendes, in seinem Sein an Kosmos und Mitmenschen gekoppeltes, in seinem tiefsten Grunde gestimmtes, verstehendes Wesen, das sich zur Umwelt besorgend, zu den Menschen fürsorgend verhält"[24]. Am Tod erfahre der Mensch seine Existenz als Endlichkeit. Heidegger bestimmt das Wesen des Menschen als ein von der Zeitlichkeit abhängiges Sein. Heidegger wird somit zum Ursprungsvater der → *Existenzphilosophie* des 20. Jahrhunderts.

Die Philosophie Ludwig Wittgensteins (1889-1951) hatte die Sprache zum Gegenstand seiner philosophischen Untersuchungen und prägte die Sprachphilosophie. Er selbst schrieb hierzu:

---

[24]Georgi Schischkoff, S.264

„Die Philosophie ist ein Kampf gegen die Verhexung unseres Verstandes durch die Mittel unserer Sprache."[25]

Wittgenstein war der Ansicht, dass jedes Wort seine Bedeutung habe. Die Bedeutung liege im Gebrauch des Wortes selbst. Der Gebrauch wiederum erfolgt nach Regeln, die dadurch bestimmt sind, dass sprachliche Äußerungen im täglichen Miteinander eine bestimmte Funktion übernehmen: Je nach dem wie der Mensch die Sprache gebrauche, werden Handlungen entworfen. So wird jemand beispielsweise auf einen sprachlichen Befehl nach diesem Befehl handeln oder wenn jemand einen Gegenstand beschreibe, so könne man nach dieser Beschreibung diesen Gegenstand herstellen.

Die Phänomenologie, bei der es – grob umrissen - darum geht, das Wesen der Dinge durch eine Analyse von Bewusstseinsakten, z. B. durch Vorstellungskraft, zu erfassen, wurde von Edmund Husserl (1859-1938) behandelt und neu gefasst. Husserl verteidigte die → *Objektivität* des Objektes. Für Husserl waren logische Gebilde frei von subjektiven „Andichtungen" im Sinne idealistischer Erkenntnistheorien und frei von psychologischen Erklärungsversuchen zu betrachten. Phänomene, also die Erscheinungen, sind für Husserl stets unmittelbar, intuitiv und voraussetzungslos erfahrbar. Die Realität hat für ihn keine Selbständigkeit, sondern ist stets das Beabsichtigte, Bewusste und Erscheinende.

Der Pragmatismus ist eine von den Amerikanern Charles Sanders Peirce (1839-1914) begründete und von William James (1842-1910) bekannt gemachte philosophische Lehre, nach der nur die praktische Anwendung einer Sache der Wahrheitsfindung dient: was nicht nützlich ist, hat keinen Wert. Diese philosophische Einstellung findet im Handeln des Menschen dessen Wesen ausgedrückt und den Wert und Unwert auch des Denkens in Beziehung zu dessen Handeln setzt. Der Pragmatismus beruft sich auf den Empirismus, wonach James den Menschen als eine freie, schöpferische Persönlichkeit sieht, die in der Lage ist, die Wirklichkeit vielgestaltig zu entwerfen. Für James hat das Bewusstsein des Menschen eine zweckgerichtete Struktur.

---

[25]Ludwig Wittgenstein, S. 9

Der Strukturalismus ist eine in Frankreich von Claude Lévi-Strauss (geb. 1908) aufgetretene geistige Bewegung, deren Lehre die Struktur als eine Grundgegebenheit sieht, aus der sich alle Phänomene bestimmen lassen: Alles Leben, jede Organisation enthält eine Struktur, nach der die Phänomene funktionieren. Auch Systemtheorien, die beschreiben, dass Systeme aus dem Zusammenspiel seiner Einzelteile funktionieren. Strukturen stellen für den Strukturalismus erkennbare Regeln innerhalb von Komplexen und Ganzheiten der Wirklichkeit dar. Die Strukturen bestimmten sich aus ihren gegenseitigen Beziehungen zueinander und tragen somit zu Entwicklung bei. Beispielsweise sieht der Strukturalismus in der Sprache, die als „code" aufgefasst wird und nach bestimmten Regeln funktioniert, den Prototyp für jeder ganzheitlichen Organisation (Struktur) der Wirklichkeit.

Die weitere Vielfalt der Philosophischen Strömungen aus der Zeit des 20. Jahrhunderts lassen sich wie folgt grob skizzieren:

- Gestaltpsychologie: Lehre, die sich auf die Wahrnehmung des Menschen konzentriert. Die Wahrnehmung eines Phänomens kann demnach nur im Kontext zu seiner Umwelt beschrieben werden. Die Umwelt wirkt auf die Wahrnehmung des Menschen. In unterschiedlichen Umwelten werden die gleichen Phänomene unterschiedlich wahrgenommen und gedeutet.

- Frankfurter Schule: Ideologiekritische Auseinandersetzung mit den gesellschaftlichen und historischen Bedingungen der Theoriebildung. Form der Kritik, die die Totalität gesellschaftlicher Verhältnisse („wenn 99 Leute von 100 Leuten die gleiche Meinung haben, dann wird dies schon seine Richtigkeit haben") und die Notwendigkeit ihrer Veränderung fordert; Max Horkheimer (1895-1973), Theodor Adorno (1903-1969), Erich Fromm (1900-1980).

- Feminismus: Die Emanzipationsbewegung der Frauen, die für eine gleichberechtigte Teilhabe an allen kulturellen, sozialen, politischen, gesellschaftlichen und wirtschaftlichen Prozessen streitet.

- Keynesianismus: Wirtschaftstheorie von John Maynard Keynes, nach der die gesamtwirtschaftliche Nachfrage die entscheidende Größe für Produktion und Beschäftigung ist. Stichwort: Wirtschaftsstandort oder Produktionsverlagerung aus Gründen der Kostensenkung in Niedriglohnländer).

- Kommunikation: Die moderne Erkenntnis, dass das alle menschlichen Handlungen Kommunikation sind, leiten dazu über, den Menschen zu einer eigenständigen kommunikativen Kompetenz wie beispielsweise Schulung der Wahrnehmung, des Zuhörens, der Gesprächsführung und Mediennutzung zu verhelfen, z. B. Karl Jaspers (1883-1969).
- Spiritualismus: In Anlehnung an den deutschen Idealismus des 19. Jahrhunderts geht der Spiritualismus davon aus, dass in allen Phänomenen der universelle Geist Gottes innewohnt und für die evolutionäre Entwicklung der Menschheit hin zu einem höheren Bewusstsein verantwortlich ist. Methodisch bedient sich der Spiritualismus zur Erkenntnisgewinnung der Tiefenpsychologie, alternativer Heilverfahren, Meditation und aus den Ergebnissen der Erforschung des Übernatürlichen.

Der Blick über den Tellerrand der Gegenwart heraus ist auch für die Philosophie nicht problemlos, da eine (auch vorwegnehmende bzw. auf Spekulation basierende) rückblickende Bewertung der Bedeutung der verschiedenen Ansätze noch nicht vorzunehmen ist. Die Postmoderne ist als Gegenbewegung zu den Ideen der Moderne zu betrachten und betrachtet insbesondere die Differenzen von Denk- und Lebenswelten. Einer dessen Vertreter ist Gilles Deleuze (1925–1995), der die Welt als ein Universum voller → *Virtualitäten* betrachtet.

Insgesamt kann man vielleicht vage voraussagen, dass aufgrund der unterschiedlichen philosophischen Systeme, Theorien, Konzepte und Instrumente der Mensch geneigt sein wird, sich als konstruktives und gebildetes Wesen dasjenige aus den unterschiedlichen Philosophiegebäuden herauszunehmen, was er als das für sein Denkmodell am Sinnvollsten hält. Der im philosophiegeschichtlichen Sinne postmoderne Mensch scheint auf dem Weg zu einem multiphilosophischen Talent zu sein. Mit geeigneter Fortbildung in den philosophischen Gebieten und Teilbereichen, lassen sich diese Erkenntnisse auch in berufliche und alltägliche Zusammenhänge nutzen.

Aufgabe

Ordnen Sie die jeweiligen Begriffe einer Epoche zu!

Begriffe	Epoche
Sokratische Methode	
Scholastik	
Humanismus	
Aufklärung	
Geschichtsphilosophie	
Sprachphilosophie	

4. Erkenntnistheorien

Abbildung 5: Ursachenforschung: Erkenntnis[26]

Bei einer Erkenntnistheorie handelt es sich um die philosophische Theorie des Erkennens, auch Wissenschaft der Erkenntnis genannt. Erkenntnistheorie oder Epistemologie (von griechisch »episteme« = Wissen, Erkenntnis und »logos« = Wissenschaft) ist ein Gebiet der Philosophie, welches sich mit der Frage beschäftigt, wie Erkenntnis, Wissen und Wahrheit prinzipiell zu erlangen und zu nutzen sind und welche natürlichen Grenzen der Erkenntnis gesetzt sein können. Die Erkenntnistheorie betrachtet die Dinge nur insofern, als sie dem menschlichen Erkenntnisapparat erscheinen und untersucht zum einen die Erkenntnis und dessen Inhalte, und zum anderen übt sie Kritik an den bestehenden Erkenntnissen und deren Zustandekommen. Und letztlich befasst sie sich mit dem Wesen der Erkenntnis selbst und erforscht dabei die dem Sein des Erkennenden (Betrachter) und des Erkannten (Ding) ausgehenden Möglichkeiten des Erkennens, nämlich mit dem potenziellen Zustandekommen von Erkenntnissen. Sie befasst sich insofern mit Fragen der Art, wie Wissen zustande kommt (was kann man wissen?), welche Erkenntnisprozesse denkbar sind (Erkenntnisaneignung), wie begründet angebliches Wissen unter diesen Voraussetzungen ist und woran man erkennt, dass das Wissen tatsächlich mit Erkenntnis angeboten wird (Wahrheitsprinzipien) und welche Schlussfolgerungen man aus den Erkenntnissen für die Erklärung der Wirklichkeit ziehen kann (was ist Wirklichkeit?). In diesem Sinne gibt es verschiedene erkenntnistheoretische Grundpositionen: Der Empirismus glaubt, dass alle Erkenntnis aus der Erfahrung stammt, der Rationalismus, dass alle Erkenntnis aus dem

---

[26]Quelle. Verfasser

Denken stammt. Für einen Idealisten (Idealismus) bestimmt das Bewusstsein das Sein: Mit den Kategorien unseres Geistes prägten und strukturierten wir die Welt so, wie sie dann für uns sei; über die Wirklichkeit an sich könnten wir nichts sagen. Für einen Materialisten (wie Karl Marx) prägt das Sein das Bewusstsein: Unser Denken sei immer nur in Abhängigkeit von den jeweiligen gesellschaftlichen Verhältnissen, der „materiellen Basis", möglich.

Im weiteren Verlauf des Buches werden wir uns mit dem Erkennen des Menschen beschäftigen und möchten skizzenhaft aufzeigen, welche unterschiedlichen Vorstellungen es in der Philosophie darüber gibt. Dabei werden wir uns jeweils zunächst kapitelweise mit den erkenntnistheoretischen Richtungen beschäftigen, die durch die von unterschiedlichen Philosophen entwickelten Theorien aus verschiedenen Blickwinkeln her aufzuzeigen versucht, welche Bewertungen und Begründbarkeiten es von → *Erkenntnis* gibt. Zum anderen werden wir uns damit beschäftigen wie Philosophen der Frage nachgehen, was Erkenntnis ist und wie der Mensch zu ihr gelangt. Hieraus wirft sich in Folge dessen die Frage danach auf, wie man mit dem was man als Erkenntnis erlangt hat und was man für wahr hält, umgeht. Danach werden wir in den jeweiligen Unterkapiteln „Praktische Relevanz" versuchen, aus den gewonnenen Erkenntnissen einen brauchbaren Nutzen für die Beratung abzuleiten.

Wozu benötigen beispielsweise Berater einen „brauchbaren Nutzen" aus den Erkenntnissen der Philosophie zum Thema „Menschliche Erkenntnis"? Berater sind durch ihre Primärqualifikation bereits in der Lage, Beratungsprozesse entsprechend der unterschiedlichen Beratungsansätze her zu initiieren, zu begleiten und zu überprüfen. Diesen Beratungsansätzen ist allen gemeinsam, dass diese ihre Erkenntnisse wiederum auch aus den Forschungsergebnissen der unterschiedlichen Bereiche der Philosophie erhalten. Unsere Kultur, unsere Denkweise und unser politisches und ethisches System etc. basieren allesamt auf den Anschauungen unterschiedlicher Philosophen unterschiedlicher Epochen. Dies ist in Folge dessen besonders an den Beispielen Pädagogik, hier: die Erziehungsberatung, Dozent in der Erwachsenenbildung, oder aus der Psychologie, hier: die Psychologische Beratung, deutlich zu beobachten. Dieses Buch versucht dabei zu verdeutlichen, welche zu den bereits vorhandenen Beraterqualifikationen ergänzende und übergreifende Antworten die Philosophie, und hier im

Speziellen im Bereich „Menschlicher Erkenntnis" für die Steuerung des Beratungsprozesses insgesamt haben kann.

Die Konstruktion eines „brauchbaren Nutzen" aus den Erkenntnissen der Philosophie zum Thema „Menschliche Erkenntnis" ist besonders im Hinblick auf drei Ebenen der Vorgehensweisen während eines Beratungsprozesses zu betrachten:

1. *Die Ebene der Beraterin bzw. des Beraters*: Die Berater selbst verfügt über einen → *Erkenntnisapparat*, den sie zur Beurteilung von Beratungsprozessen, Problemanalysen und Lösungsfindungen ganz selbstverständlich anwendet. Daher ist die Kenntnis über das eigene Erkennen sowie über das Verfahren der eigenen Erkenntnisgewinnung sehr gut als reflexives Mittel geeignet, um für sich selbst besser einschätzen zu können, welches Erkenntnisverfahren nach welcher philosophischen Anschauung man selbst anwendet oder gerne anwenden möchte.

2. *Die Ebene der Klientin bzw. des Klienten*: Die Klienten selbst bringen ihre Erkenntnisse und ihre Erkenntnisverfahren mit in den Beratungsprozess. Hier haben die Berater die Möglichkeit zum einen zu beurteilen, um welchen Erkenntnisvorgang es sich handelt und zum anderen, die Klienten über dessen Erkenntnisverfahren zu informieren und zu reflektieren. Klienten bekommen hiermit ein Instrument der Erkenntnisreflexion an die Hand mittels dessen sie in der Lage sind, ihr eigenes Erkenntnisverfahren entsprechend einer philosophischen Anschauung einschätzen zu können.

3. *Die Ebene des Problems bzw. Lösung*: Die Beraterin/der Berater ist durch das Wissen und die Kenntnisse über die „Menschliche Erkenntnis" in der Lage zu beurteilen, mittels welcher philosophischen Erkenntnistheorie man eine Problemlage einer Klientin/eines Klienten deuten, analysieren und nach Lösungswegen schauen kann.

Aufgabe

Bevor Sie in das Thema tiefer einsteigen probieren Sie einmal in einer Selbsteinschätzung grob zu erfassen, was Erkenntnis für Sie ist und wie Sie zu einer Erkenntnis gelangen!

4.1 Erkenntnis

In der umgangssprachlichen Auffassung von Erkenntnis wird der Erkenntnis in der Regel einer zu erkennenden Realität zugeordnet. Nach Georgi Schischkoff heißt Erkenntnis sowohl der Vorgang, der genauer als Erkennen bezeichnet werden muss, als auch dessen Ergebnis. Im Sinne der Philosophie ist Erkennen immer „etwas als etwas erkennen" (S. 163), ist also immer Erkenntnis von Etwas, ist Erkenntnis der Realität, der Welt, des Menschen etc. Erkenntnis beinhaltet somit die Beziehung zwischen einem erkennenden Menschen (Subjekt) und etwas Erkanntem (Objekt). In der Erkenntnis ist auch ein Beurteilen und Wiedererkennen enthalten, das sich sowohl auf erfahrungsbezogenes als auch auf verstandesmäßiges Schlussfolgern stützt. Die Wörter „Erkenntnis" und „Wissen" werden heute weitgehend als synonym behandelt. Vielleicht kann man „Erkenntnis" eher für den Prozess der Erkenntnisgewinnung und „Wissen" für ein nachprüfbares und anerkanntes Resultat des Erkenntnisprozesses ansehen.

Der Philosoph Peter Möller umfasst den Begriff Erkenntnis wie folgt:

„Der Begriff »Erkenntnis» wird in Philosophie in der Regel für «begründetes Wissen' verwendet. [...] Erkenntnis wird auch oft synonym mit Wahrheit benutzt. Traditionell und umgangssprachlich bedeutet Erkenntnis deshalb auch «adequatio intellectus et rei» [Übereinstimmung von Intellekt bzw. erkennendem Verstand und Sache bzw. Gegenstand]. In der Philosophie unterscheidet man u.a. zwischen → diskursiver Erkenntnis, sprachlich begreifbares und vermittelbares Wissen, und intuitiver oder → evidenter Erkenntnis, die sprachlich nicht erfassbar und vermittelbar ist, sowie zwischen Erkenntnis «a posteriori» [Erkenntnis die der Erfahrung entstammen] und Erkenntnis «a priori» [Erkenntnis, die keine Sinneserfahrung voraussetzt und insofern vorher ist als der Sinneskontakt mit der Wirklichkeit].[27]

---

[27]Quelle: http://www.philolex.de/philolex.htm (Stand: 01.10.2010)

Was heißt das? Der Wahrheitsgehalt einer Erkenntnis kann – insbesondere im Widerstreit der zwei Grundpositionen der Philosophie: dem Rationalismus und dem Empirismus – zum Beispiel durch analytische oder synthetische bzw. apriorische oder aposteriorische Beurteilungen/Aussagen des Erkannten nachgewiesen werden, wie der Philosoph Ralph Schumacher[28] in den wie folgt vier angeführten Beurteilungsverfahren skizziert:

1) **Analytische Aussagen**: Der Wahrheitswert der Erkenntnis ist allein durch die Bedeutung (durch sprachliche Festlegungen oder die Notwendigkeit „Ewiger Wahrheiten") festgelegt. („Alle Körper sind ausgedehnt". „Junggesellen (Junggesellinnen) sind unverheiratete Männer (bzw. Frauen).").

2) **Synthetische Aussagen**: Der Wahrheitswert der Erkenntnis ist dadurch festgelegt, was in der Wirklichkeit der Fall ist. („Ralph ist ausgedehnt". „Ralph ist ein Junggeselle".).

3) **Aposteriorische Aussagen**: Die Aussagen über die Erkenntnis werden unter Bezug auf äußere Erfahrung gerechtfertigt. („Ralph ist blond.").

4) **Apriorische Aussagen**: Die Aussagen über die Erkenntnis werden unter Bezug auf etwas anderes als äußere Erfahrung – z. B. innere Erfahrung – gerechtfertigt. („Parallelen treffen sich im Unendlichen nicht.").

Der Psychologe und Systemtheoretiker Norbert Bischof bringt neben den genannten theoretischen Überlegungen zur „Erkenntnis" die potenzielle Anwendung der Erkenntnis auf den Punkt:

„Erkenntnis ist das Produkt eines kognitiven Apparates [Erkenntnisapparat], den die → *Phylogenese eigentlich für etwas ganz anderes «erfunden» hat, nämlich, sich als Jäger und Sammler zu behaupten, mit den Fährnissen des primitiven Alltags fertig zu werden, mit den Dingen des täglichen Gebrauchs umzugehen, mit anderen Gruppenmitgliedern zu kooperieren, insbesondere auch, sie zu manipulieren."[29]*

---

[28]Quelle: http://www.philosophie.hu-berlin.de/institut/lehrstuehle/idealismus/mitarbeiter/Vorlesung10.pdf
[29]Norbert Bischoff, S. 99

Hiermit wird auf den Nutzen der Erkenntnisse eingegangen, den der Mensch von ihnen innerhalb seiner Lebensbezüge hat. Der Mensch erhält seine Erkenntnisse über sich und die Welt und bindet diese in seine Entscheidungsverfahren im Beruflichen und Privaten Alltag mit ein. Die entscheidende Frage, die sich aufgrund dieser Erkenntnis über die „Menschliche Erkenntnis" hierbei für Berater stellt ist diese: Auf welche Art und Weise erlangt der Klient seine Erkenntnisse beispielsweise über seine Problemlagen und für wie wahr hält er diese Erkenntnisse. Die Beurteilung des Wahrheitsgehaltes von Erkenntnissen ist für den Berater insofern von Bedeutung, um einschätzen zu können, ob Erkenntnisbeurteilungen beim Klienten gegebenenfalls während des Beratungsprozesses sinnvoll verändert werden können, um zu anderen, lösungsorientierten Erkenntnissen gegenüber den vorgefestigten und möglicherweise problemverursachenden Erkenntnissen zu gelangen. In diesem Sinne fungiert der Berater auch als Berater für Erkenntnisprozesse.

Der Mensch erlangt auf vielfältige Wege seine Erkenntnisse. In der Philosophie werden unterschiedliche Erkenntnisverfahren beschrieben. Nach welchen Verfahren der Mensch seine Erkenntnis erlangt, wird im nachfolgenden Kapitel behandelt.

Aufgabe

Nennen Sie vier selbst konstruierte Beispiele, um nach den vier Beurteilungsverfahren den Wahrheitsgehalt einer Erkenntnis nachzuweisen.

4.2   Erkenntnisverfahren

Wie der Name Erkenntnistheorie bereits andeutet, handelt es sich um die philosophische Theorie des Erkennens, auch Wissenschaft der Erkenntnis genannt. Erkenntnistheorie oder Epistemologie (von griechisch »episteme« = Wissen, Erkenntnis und »logos« = Wissenschaft) ist ein Gebiet der Philosophie welches sich mit der Frage beschäftigt wie Erkenntnis, → *Wissen* und → *Wahrheit* → *prinzipiell* zu erlangen und zu nutzen sind und welche natürlichen Grenzen der Erkenntnis gesetzt sein können.

„Früher nannte man die Erkenntnistheorie Epistemologie (von gr. »episteme« = Wissen). Besonders in den englischsprachigen Ländern – aber nicht nur dort – ist dies auch heute noch die Bezeichnung für Erkenntnis- und Wissenschaftstheorie. Auch in deutsch-sprachiger Literatur wird man noch des Öfteren diesen Begriff finden, besonders die adjektivische Form »epistemisch«, was so viel bedeutet wie »die Erkenntnis oder die Erkenntnistheorie betreffend« oder »aus Sicht der Erkenntnistheorie«".[30]

Die Erkenntnistheorie betrachtet die Dinge nur insofern als sie dem menschlichen *Erkenntnisapparat* erscheinen und untersucht zum einen die Erkenntnis und dessen Inhalte und zum anderen übt sie Kritik an den bestehenden Erkenntnissen und deren Zustandekommen. Und letztlich befasst sie sich mit dem Wesen der Erkenntnis selbst und erforscht dabei die dem → *Sein* des Erkennenden (Betrachter) und des Erkannten (Ding) ausgehenden Möglichkeiten des Erkennens, nämlich mit dem potenziellen Zustandekommen von Erkenntnissen. Sie befasst sich insofern mit Fragen der Art, wie Wissen zustande kommt (was kann man wissen?), welche Erkenntnisprozesse denkbar sind (Erkenntnisaneignung), wie begründet angebliches Wissen unter diesen Voraussetzungen ist, und woran man erkennt, dass das Wissen tatsächlich mit Erkenntnis angeboten wird (Wahrheitsprinzipien) und welche Schlussfolgerungen man aus den Erkenntnissen für die Erklärung der Wirklichkeit ziehen kann (was ist Wirklichkeit?). Von großem Interesse ist hier vor allem, welche Art von Zweifel (Kritik) an welcher Art von Wissen grundsätzlich bestehen kann.

Im 19. und 20. Jahrhundert entwickelte sich eine Fülle von philosophischen Richtungen innerhalb der Erkenntnistheorie. Allesamt beschreiben das menschliche Erkenntnisverfahren von verschiedenen Standpunkten heraus: Hierzu zählen unter anderem die drei historisch wichtigsten Strömungen des Rationalismus, des Empirismus und des Idealismus sowie weitere philosophische Anschauungen die wir an dieser Stelle mit Bezug zur Erkenntnistheorie und Beratungsrelevanz vorstellen möchten:

---

[30]Quelle: Peter Möller, 2010. URL: http://www.philolex.de/einfph04.htm (Stand: 01.10.2010)

4.2.1 Erkenntnistheorie des Rationalismus

Abbildung 6: Rationalismus[31]

Beim Rationalismus (von lateinisch: »ratio« = Verstand, Vernunft) handelt es sich um eine philosophische Auffassung, die nur oder in allererster Linie in der Benutzung des → *Verstandes* bzw. der → *Vernunft* ein verlässliches menschliches Erkenntnisverfahren sieht. Er geht davon aus, dass der Mensch nur durch rationales → *Denken* wahre Erkenntnis erlangen könne: Wahr ist hiernach allein dasjenige was ausschließlich durch den Verstand vermittelt wird. Nach Auffassung des Rationalismus kann die Vernunft für sich allein, ohne dass sie auf die Sinne angewiesen ist, Erkenntnis von der Welt erlangen.

Die Begründung des Rationalismus wird heute vor allem René Descartes (1596-1650) im 17. Jahrhundert zugeschrieben. Laut ihm lassen sich die auf seiner anhand Naturwissenschaften und Mathematik veranschaulichten universellen Grundsätze einzig mit Hilfe des Verstandes erschließen und dann alle übrigen Fragen der Philosophie und Naturwissenschaften durch → *Deduktion* beantworten. Er behauptete, dass jene Grundsätze, ebenso wenig wie → *Ideen*, nicht mit Hilfe der Sinneswahrnehmung, sondern ausschließlich mit dem Verstand erschließbar wären. Bei seinem Versuch „Regeln zur Ausrichtung der Erkenntniskraft" zu formulieren stellte Descartes vier Regeln als Grundlage der Analyse eines jeden von ihm betrachteten Problems auf:

---

[31]Quelle: Verfasser unbekannt. URL: http://www.philo-so-phie.de/archives/162 (Stand: 01.10.2010)

„Die erste besagte, niemals eine Sache als wahr anzuerkennen, von der ich nicht evi-dentermaßen erkenne, daß sie wahr ist: d.h. Übereilung und Vorurteile sorgfältig zu vermeiden und über nichts zu urteilen, was sich meinem Denken nicht so klar und deutlich darstelle, daß ich keinen Anlaß hätte, daran zu zweifeln. Die zweite, jedes Problem, das ich untersuchen würde, in so viele Teile zu teilen, wie es angeht und wie es möglich ist, um es leichter zu lösen. Die dritte, in der gehörigen Ordnung zu denken, d.h. mit den einfachsten und am leichtesten zu durchschauenden Dingen zu beginnen, um so nach und nach, gleichsam über Stufen, bis zur Erkenntnis der zusammenge-setztesten aufzusteigen, ja selbst in Dinge Ordnung zu bringen, die natürlicherweise nicht aufeinander folgen. Die letzte, überall so vollständige Aufzählungen und so all-gemeine Übersichten aufzustellen. Daß ich versichert wäre, nichts zu vergessen".[32]

Aufgabe

Stellen Sie die vier Regeln von Descartes nach Ihrem Verständnis mit eigenen Worten dar! Erläutern Sie in einem nächsten Schritt, welche Bedeutung diese Regeln für einen Beratungsprozess Ihrer Meinung nach haben könnten!

4.2.1.1   Praktische Relevanz

Der Rationalismus als Basis einer rein vernunftbezogenen Erkenntnisgewinnung sorgt dafür, dass andere, nicht vernunftbezogene Erkenntnisgewinnungsverfahren nicht mit in die Erkenntnisgewinnung eingebunden werden müssen. Beim Rationalismus geht man bei der Erkenntnisgewinnung von einem individuell rational, vernunftbezogen handelnden Akteur aus, dessen Identität, Interessen und Präferenzen von außen, von seiner Umwelt vorgegeben sind, das heißt, er nimmt diese als gegeben wahr und bin-det sie, so wie sie sind in seine Erkenntnisgewinnung ein.

---

[32]Volkmar Schüller, 1997, S.170-184

<u>Beispiel:</u>

Ein Mann spielt gerne Tennis. Er meldet sich in einem Verein an und wird dort Mitglied. Der Verein legt großen Wert auf gute Leistungen, da dieser an internationalen Turnieren teilnimmt. Der Mann gewinnt hierdurch die Erkenntnis, dass er selbst auch gut sein muss, um den Ansprüchen des Vereins gerecht werden zu können. Er nimmt demnach alle ihm vorgegebenen Vereinsstrukturen als vorgegeben an und bildet seine sportliche Identität nach den Vereinsvorstellungen aus.

Für den Beratungsprozess hat der rationalistische Erkenntnisgewinnungsansatz auf der Ebene des Beraters, des Klienten und des Problems seine Bedeutung. Die dem Rationalismus innewohnende deduktive Vorgehensweise, von einer allgemeinen, übergeordneten Aussage zu einer speziellen Aussage zu schließen, ist der Kern der Betrachtung bzw. das Wesen der Vorgehensweise während des Beratungsprozesses.

<u>Beispiel für die Ebene des Beraters:</u>

Die Beraterin hört einem Klienten während der Beratungsstunde zu. Der Klient erzählt ihr, dass er nicht mehr wisse, wie er mit seinem 14jährigen Sohn umgehen solle, da er sich in der schwierigen Phase der Pubertät befinde und er keinen Zugang mehr zu ihm bekomme. Die Beraterin mit deduktivem Ansatz stellt fest, dass die Pubertät grundsätzlich eine schwierige Zeit für alle Beteiligten darstelle und somit sei es nicht verwunderlich, dass auch der Sohn schwierig sei. Das sei so vorgegeben, dagegen könne man gar nichts machen.

<u>Beispiel für die Ebene des Klienten:</u>

Die Klientin schildert ihr Problem dem Berater, dass die Pubertät ja grundsätzlich eine Schwierige Zeit sei und sie ihre 13jährige Tochter deshalb als unausstehlich wahrnehme. Die Klientin habe auch schon von ihren Nachbarn gehört, dass Mädchen in dieser Zeit unansprechbar und schnell reizbar sein, so dass sie sich schon jetzt darauf vorbereite, entsprechend dagegen anzugehen. Der Berater stellt schnell fest, dass die Klientin generelle Aussagen zu ihrem speziellen Problem macht.

<u>Beispiel für die Ebene des Problems/Lösung:</u>

Anhand des letzten Beispiels kann die Beraterin erkennen, dass die Klientin ihre Probleme dadurch verursacht, dass diese ihre Erkenntnisse auf deduktive Weise gewinnt. Nun hat der Berater die Möglichkeit, gemeinsam mit der Klientin an ihrer deduktiven Erkenntnisgewinnung zu arbeiten und ihr erkenntlich zu machen, dass ihre Sichtweise von den Dingen bereits ein Teil der Problemverursachung ausmacht. So könnte man beispielsweise den Erkenntnisprozess der Klientin nach den drei Regeln von Descartes zur Analyse des Problems anleiten, um somit die Sichtweise der Klientin auf das Denken in sich selbst zu lenken.

4.2.2 Erkenntnistheorie des Empirismus

Abbildung 7: Empirismus[33]

---

[33]Quelle: William Ely Hill: URL http://www.philolex.de/einfph04.htm (Stand01.10.2010)

Beim Empirismus (von gr. »emperie« = Erfahrung, Wissen) handelt es sich um eine philosophische Auffassung in allererster Linie in der Wahrnehmung ein legitimes und verlässliches menschliches Erkenntnisverfahren sieht. Der Empirismus wurde über die Jahrhunderte hinweg besonders stark in England vertreten; er wirkt bis in die Gegenwart nach. Diese philosophische Richtung hat ihr Fundament in der Erfahrung und wendet sich von der Rechtfertigung der Naturwissenschaften aus dem bloßen Denken ab. Als wahr wird demnach ausschließlich anerkannt, was dem Menschen durch seine Sinneswahrnehmung vermittelt wird: Alle Erkenntnis stammt somit aus der Erfahrung, der Beobachtung oder dem Experiment. Ohne Erfahrung gebe es nach Auffassung des Empirismus keinerlei Erkenntnis von der Wirklichkeit, alle Gewissheit gründet in der sinnlichen Gewissheit; die Erkenntnis werde aus Elementen aufgebaut, die unmittelbar gegeben und somit unbezweifelbar sind. Die → *Induktion* bildet als die typische Schlussweise des Empirismus das Fundament wissenschaftlicher Theoriebildung.

Die Begründung des Empirismus wird dem Engländer John Locke (1632–1704) zugeschrieben. Nach Locke gleiche der Geist eines Neugeborenen einer unbeschriebenen Tafel (tabula rasa) die durch Sinneseindrücke zu beschreiben ist. Er versuchte den Inhalt des menschlichen → *Bewusstseins* auf streng analytischem, nur das Tatsächliche in Betracht ziehendem Wege zu erklären (und bahnte somit den Weg der Entwicklung der modernen Psychologie). Locke ging der Frage nach, wie Bewusstseinsinhalte, also Ideen entstehen und wie dabei Vorstellungen und Begriffe in das menschliche Bewusstsein gelangen? Er ging von drei Möglichkeiten aus: 1. Die Ideen müssen von außen hineingekommen sein, 2. Die Ideen werden aus dem von außen stammendem Material durch das Denken selbst gebildet, oder 3. die Ideen sind von Anfang an im Bewusstsein vorhanden, demnach angeboren. John Locke ging bei seinen Untersuchungen, davon aus, dass nichts im Verstande sei, was nicht vorher in den Sinnen war und begründet diese Aussage mit folgenden Nachweisen:[34]

1. Einfache Ideen sind einfache Abbilder von Eindrücken die wie folgt unterteilbar sind:
   a. Äußere Erfahrung ist die Quelle, aus der einfache Ideen ins Bewusstsein gelangen. Ins Bewusstsein gelangen nicht die Dinge selbst, sondern, wie Locke sie nennt, Qualitäten: primäre und sekundäre Qualitäten der Dinge.

---

[34]Hans Joachim Störig, 1984, S. 15ff.

i. Primäre Qualitäten sind die den Körpern anhaftende konstante Eigenschaften wie z. B. Ausdehnung, Gestalt, Festigkeit, Anzahl.

ii. Sekundäre Qualitäten sind die nicht konstanten Eigenschaften der Körper wie Farbe, Geschmack, Geruch, Temperatur oder Schall.

b. Innere Erfahrung: Sie sind für Locke diejenigen Eindrücke, die entstehen, wenn das Bewusstsein nicht Eindrücke von außen empfängt, sondern sich gleichsam auf sich selbst zurückwendet und seine Tätigkeit beobachtet (Reflexion). Locke unterscheidet dabei in Erkennen (z. B. Wahrnehmen, Erinnern, Unterscheiden, Vergleichen) und das Wollen (Handlungen, Taten, Begehren).

2. Komplexe (zusammengesetzte, konstruierte) Ideen bilde, nach Locke, der Verstand durch die Kombination aus den einfachen Ideen analog der Kombination von Buchstaben zu Wörtern. Die komplexen Ideen seien dem Grunde nach nichts Wirkliches, da sie durch Kombinationen im Verstande entstehen. Die zusammengesetzten Inhalte dürfen nur erfahrungsgemäß zusammengesetzt sein, freies Kombinieren führe nach Locke zur Phantasterei. Dennoch könne, nach dem Verständnis von Locke, das Denken selbst keine Ideen der Erfahrung hinzufügen, nur die Erfahrung generiere Ideen. Zu den komplexen Ideen zählt Locke z. B. Dauer, Gott, Körper, Identität, Zeit und Raum.

Aufgabe

Wie Sie in diesem Abschnitt erfahren haben, gründet die Erkenntnis des Menschen von der Welt auf seiner Erfahrung. Welche Rolle spielt Ihrer Meinung die auf nach John Locke beschriebene Sinneserfahrung begründete Wahrnehmung für einen Beratungsprozess?

4.2.2.1 Praktische Relevanz

Der Empirismus nimmt die Erfahrung zur Grundlage der Erkenntnisgewinnung. Da Erfahrungen, die durch die Sinne oder die Intuition entstehen, stets subjektiv, also an das Individuum gebunden sind, schließt diese rein rational erschlossene Erkenntnisse einer objektiven Realität aus. Beim Empirismus geht man bei der

Erkenntnisgewinnung von einem individuell erfahrungsbezogenen Akteur aus, dessen Identität, Interessen und Präferenzen von den Wahrnehmungen durch seine Sinne geleitet werden und somit von seinen Erfahrungen der Außenwelt vorgegeben sind, das heißt, die Erkenntnisse über die Dinge der Welt werden also über die Sinne ins Bewusstsein geleitet und dort bewertet, oder gar neue Erkenntnisse durch Kombination mehrerer Erkenntnisse gebildet.

Beispiel:

Zwei Menschen streiten sich darüber ob der Fliederbusch vor dem Haus nun violette oder lila Blüten trägt und somit alle Fliederbüsche mit diesem Farbton als solche bezeichnet werden können. Der Mensch A erhält seine Erkenntnis über den violetten Farbton darüber, dass er einerseits die Farbe über seine Sehsinne wahrnimmt und zum anderen diese Farbe mit einer anderen Erkenntnis kombiniert, nämlich dieser, dass Person A ein romantisches Erlebnis damit verbindet. Daher ist der Fliederbusch für diesen Menschen violett. Person B dagegen hat andere Erkenntniskombinationen entworfen und kommt daher zu dem Schluss, dass die Blüten lila sein müssten.

Für den Beratungsprozess hat der empirische Erkenntnisgewinnungsansatz auf der Ebene des Beraters, des Klienten und des Problems seine Bedeutung. Die dem Empirismus innewohnende induktive Vorgehensweise, von einer speziellen Aussage zu einer allgemeinen, übergeordneten Aussage zu schließen, ist der Kern der Betrachtung bzw. das Wesen der Vorgehensweise während des Beratungsprozesses.

Beispiel für die Ebene des Beraters:

Die Beraterin hört einem Klienten während der Beratungsstunde zu. Der Klient erzählt ihr, dass er nicht mehr wisse, wie er mit seinem 14jährigen Sohn und dessen Freunde, die er täglich mit nach Hause bringe umgehen solle, da sie nur im Zimmer herumlungerten, laute, aggressive Musik hören würden und er das Gefühl habe, keinen Zugang mehr zu den Jugendlichen zu bekommen. Die Beraterin mit induktivem Ansatz stellt fest, dass der Sohn sich in der Pubertät befinde und somit seine eigene Identität sucht. Dies täten alle Jugendlichen in diesem Alter, daher seien sie allesamt nicht mehr zugänglich für Erwachsene. Diese Wahrnehmung von Jugendlichen haben alle Erwachsenen, daran könne man nichts ändern.

Beispiel für die Ebene des Klienten:

Die Klientin schildert ihr Problem dem Berater. Sie erzählt ihm, dass sie innere Wutgefühle davon bekomme, wenn sie Jugendgruppen sehe, die an der der Bushaltestelle herumlungerten. Sie ist der Meinung, dass alle Jugendlichen aggressiv und zu Gewalttätigkeiten neigen, da sie selbst Zuhause eine 14jährige Tochter habe, die mit ihren Freunden im Zimmer ständig laute und aggressive Musik höre. Es sei ja kein Wunder, dass alle Jugendlichen so aggressiv würden, wenn sie, wie ihre Tochter, nur noch diese Hip-Hop-Musik hören. Der Berater stellt schnell fest, dass die Klientin ein spezielles Problem zu einem allgemeinen Problem hochstilisiert.

Beispiel für die Ebene des Problems/Lösung:

Anhand des letzten Beispiels kann die Beraterin erkennen, dass die Klientin ihre Probleme dadurch verursacht, dass diese ihre Erkenntnisse auf induktive Weise gewinnt. Nun hat der Berater die Möglichkeit, gemeinsam mit der Klientin an ihrer induktiven Erkenntnisgewinnung zu arbeiten und ihr erkenntlich zu machen, dass ihre eigene Erfahrung (Erfahrungshaltung) von den Dingen bereits ein Teil der Problemverursachung ausmacht. Die Lösung der Probleme liegt demnach beispielsweise in der Bearbeitung „Innerer Erfahrung" durch die Reflexion der Bewusstseinstätigkeit der Klientin, womit sie andere Erkenntnisse aus ihrem Erinnerungs-, Unterscheidungs- und Vergleichsvermögen gewinnen kann und diese danach durch Kombinationen dieser wiederum zu einer neuen Erkenntnis verwandeln kann.

4.2.3 Erkenntnistheorie des Idealismus

Abbildung 8: Idealismus[35]

Als Idealismus (abgeleitet vom griechischen: Idee, Urbild, Aussehen, Beschaffenheit) bezeichnet man eine philosophische Auffassung, die dem Denken oder den Ideen den Vorrang gegenüber der materiellen Welt oder der sinnlichen Erfahrung einräumt. Somit ist der Idealismus in der Philosophie eine Anschauung die die Welt und das Sein als Idee, Geist, Vernunft oder Bewusstsein und die Materie als deren Erscheinungsform versteht. Damit kann man den Idealismus als → *Synthese* des Rationalismus und des Empirismus bezeichnen. Der Idealismus ist eine Erkenntnistheorie, die eine äußere vom Bewusstsein bzw. der Ideenwelt unabhängige Realität für unerkennbar hält: Das Erkennen der Welt, der Realität ist demnach an das menschliche Bewusstsein gekoppelt. Das menschliche Bewusstsein funktioniert sowohl nach der rationalistischen Auffassung, dass Erkenntnis durch den Verstand möglich ist, als auch nach der empiristischen Grundhaltung, dass Erkenntnis ein Produkt der Wahrnehmung ist: Ideen entstehen sowohl durch rationales Denken als auch durch Sinneswahrnehmung. Das Subjekt des Menschen wird somit als schöpferisch und produktiv verstanden.

---

[35]Quelle: SC. URL: http://www.philo-so-phie.de/archives/162 (Stand: 01.10.2010)

Der Idealismus bezeichnet also ein philosophisches Erkenntnisverfahren, welches davon ausgeht, dass zum einen die wahrnehmbare Wirklichkeit nur Abbild ihres eigentlichen Wesens ist (Objektiver Idealismus). Objektiver Idealismus heißt, dass eine vom Menschen unabhängige objektive geistige Kraft (z. B. Gott, Idee oder ähnliches) Ursache der materiellen Welt sei. Zum anderen geht der Idealismus davon aus, die materiellen Dinge erst durch Ideen bzw. nichtmaterielle, geistige Einflüsse entstanden sind und entstehen, wie es in der Formulierung das "Bewusstsein bestimmt das Sein" zum Ausdruck kommt (Subjektiver Idealismus). Dieser subjektive Idealismus beschreibt, dass der menschliche, subjektive Geist die Welt schafft und ein Gott hierfür nicht nötig sei. Der Mensch anerkennt demnach sowohl eine von ihm unabhängige Instanz als auch sich selbst als schöpferisch an.

Immanuel Kant (1724-1804) gilt als Vorreiter des Deutschen Idealismus. Er fragte sich nach der Wahrheit menschlicher Erkenntnis (was kann ich wissen?) und unterschied zwischen dem was man erkennen kann und dem was man nicht erkennen kann. Er wollte wissen was menschliche Erkenntnis ist und was sie nicht ist. Dabei ging Kant davon aus, dass die Vernunft Wissen vermitteln kann, unabhängig von jeder Bestätigung durch Erfahrung (z. B. das jede Wirkung eine Ursache hat oder dass fünf mal sechs gleich dreißig ergibt). Für Kant erfolgt Erkenntnis durch Urteile (Aussagen, die ein Subjekt, das sich selbst gewisse und sich selbst bestimmende Ich-Bewusstsein, und ein Prädikat, eine wahre oder eine falsche Aussage, enthalten). In diesen Urteilen werden die empirischen Anschauungen der Sinnlichkeit mit den Vorstellungen des Verstandes verbunden (Synthesis). Sinnlichkeit und Verstand sind die beiden einzigen, gleichberechtigten und voneinander abhängigen Quellen der Erkenntnis. Erkenntnis stammte für Kant also aus einer Synthesis von Erfahrung und Begriffen: Ohne die Sinne wären wir uns keines Gegenstandes bewusst, ohne den Verstand aber würden wir uns keine Vorstellung von ihm bilden. Die Erkenntnisgewinnung war ein einheitlicher Vorgang, der Wahrnehmung, Einbildungskraft und Verstand mit einbezog: Sinnlichkeit und Verstand standen in Wechselwirkung.

Aufgabe

Wenn nach Kant die Sinnlichkeit (Empirismus) und der Verstand (Rationalismus) in Wechselwirkung zu einander stehen und für die Erkenntnisgewinnung verantwortlich sind, welche Rolle kann, Ihrer Auffassung nach, dieser Vorgang für den Beratungsprozess einnehmen?

4.2.3.1   Praktische Relevanz

Der Idealismus geht bei der Erkenntnisgewinnung von zwei Voraussetzungen aus: Zum einen gibt es eine objektive Welt, die nicht vom Menschen vorgegeben aber von ihm als Abbild erkannt wird. Zum anderen gibt es eine subjektive, mit den menschlichen Sinnen erfahrbare Welt, die der Mensch mit konstruiert. Beim Idealismus geht man bei der Erkenntnisgewinnung von einem individuell rational, vernunftbezogen aber auch erfahrungsbezogenen Akteur aus, dessen Identität, Interessen und Präferenzen einerseits von den Erfahrungen der vorgegebenen Außenwelt durch seine Sinne und andererseits durch das verstandesmäßige Erfassen der Realität geleitet werden. Dieser Erkenntnisprozess steht in Wechselwirkung zueinander und formt menschliche Erkenntnis.

Beispiel:

Ein Mensch fragt sich welchen Sinn sein Leben auf dieser Welt hat. Dabei erfasst er seine ihm umgebende Realität durch verstandesmäßige Erklärung und stellt fest, dass dies die Rahmenbedingungen sind, in die er eingebettet ist. In einem nächsten Schritt erhält dieser Mensch seine Erkenntnis über den Sinn seines Lebens auch dadurch, dass er „Innere Erfahrungen" mit dieser Außenwelt macht, diese durch Beurteilungsprozesse bewertet und hierdurch sein Wollen bzw. sein Handeln geleitet ist gegebenenfalls etwas an den bestehenden Umständen oder an seinen Inneren Erfahrungen zu verändern.

Für den Beratungsprozess hat der idealistische Erkenntnisgewinnungsansatz auf der Ebene des Beraters, des Klienten und des Problems seine Bedeutung. Die dem Idealismus innewohnende → *dialektische* Vorgehensweise, von einer Aussage und einer Gegenaussage eine hieraus zu schlussfolgernde Neuaussage zu entwickeln, ist der Kern der Betrachtung bzw. das Wesen der Vorgehensweise während des Beratungsprozesses.

<u>Beispiel für die Ebene des Beraters:</u>

Die Beraterin hört einem Klienten während der Beratungsstunde zu. Der Klient erzählt ihr, dass er nicht mehr wisse, wie er mit seinem stets schlecht gelaunten 14jährigen Sohn umgehen solle, da er sich stets in seinem Zimmer zurückziehe und nicht mehr am Familienleben teilnehme. Die Beraterin mit dialektischem Ansatz stellt fest, dass der Vater die Realität des Jugendlichen, die Pubertät mit ihren Stimmungen, richtig einschätzt, aber seine Erfahrungen sich einseitig auf den Moment der „Schlechten Laune" des Sohnes stütze. Hier hat die Beraterin durch die dialektische Betrachtungsweise ein Instrument in der Hand, diese dialektischen Aussagen zu analysieren und dem Vater zu einer neuen Aussage, nämlich, zu einer neuen Einsicht oder Erkenntnis über die vielen Facetten der Pubertät und der möglichen Reaktionsweisen darauf zu verhelfen.

<u>Beispiel für die Ebene des Klienten:</u>

Die Klientin schildert ihr Problem dem Berater. Sie erzählt ihm, dass sie Ihre 14jährige Tochter aufgrund ihrer Entwicklung einerseits verstehe, dass sie sich gerne in ihr Zimmer zurückziehe. Aber andererseits kann mache sie auch damit die Erfahrung, dass sie sich immer mehr aus dem familiären Alltagsgeschehen herausziehe. Der Berater stellt schnell fest, dass sich die Klientin in einer „Erkenntnisklemme" steckt: nämlich die verstandesmäßige Erkenntnis der Jugendlichen Realität steht in Konfrontation zur erfahrungsbedingten Erkenntnis mit dieser Realität. Die Mutter steckt in einem „dialektischen Problem", welches der Berater nun mit der Mutter gemeinsam bearbeiten kann.

<u>Beispiel für die Ebene des Problems/Lösung:</u>

Anhand des letzten Beispiels kann der Berater erkennen, dass die Klientin ihre Probleme dadurch verursacht, dass diese ihre Erkenntnisse auf dialektische Weise gewinnt und die beiden dialektischen Aussagen scheinbar unvereinbar für die Mutter gegenüberstehen. Nun hat der Berater die Möglichkeit, gemeinsam mit der Klientin an dessen dialektischer Erkenntnisgewinnung zu arbeiten und ihr erkenntlich zu machen, dass ihre verstandesmäßige Erfassung der Realität im Widerspruch zu ihrer Erfahrungsrealität steht. Die Analyse der Verstandesrealität und die der Erfahrungsrealität lassen in ihren Ergebnissen darauf schließen, dass man hieraus wieder eine neue Erkenntnis entwickeln kann, beispielsweise die, dass die Mutter verstärkt auf andere, aktivere Momente des Tochterverhaltens achten könnte.

4.2.4 Erkenntnistheorie des Positivismus

Der Positivismus ist eine philosophische Richtung, die die Erkenntnis des Menschen auf die Deutung „positiver Befunde" beschränkt. Das Wort „positiv" wird dabei wie in den Naturwissenschaften gebraucht, in denen man von einem „positiven Befund" spricht, wenn eine Untersuchung unter vorgegebenen definierten Bedingungen einen Nachweis erbrachte. Dieser Beschreibung nach ist der Positivismus als eine Philosophie zu verstehen, in der die Welt durch die Naturwissenschaften und die in ihr definierten Objekte erklärt werden soll. Damit ist der Weg geebnet zu einer Erkenntnisgewinnung durch Modellbildung. Die Objekte unterliegen bestimmten überprüfbaren Gesetzmäßigkeiten, durch die sie in Erscheinung treten. Die Erkenntnisgewinnung über die Dinge erfolgt nach dieser Vorstellung dadurch, dass die Dinge durch die vordefinieren Bedingungen nachweisbar in Erscheinung treten.

Der Begründer des französischen Positivismus, Auguste Comte (1798-1857), forderte in seiner Philosophie, dass das Grundprinzip des Positivismus vom Gegebenen, Tatsächlichen, „Positiven" auszugehen habe. Als „positive Tatsache" betrachtete Comte allein die Erscheinung. Der Positivismus von Comte formulierte die philosophische Prämisse, dass als Basis für Erkenntnis nur Tatsachen zugelassen sind. Als Positiv wird demnach das einwandfrei Bestimmbare Wirkliche und als Negativ wird das Nichtwirkliche im Sinne von unnütz und sinnlos angesehen. Unter Tatsachen versteht

Comte wirklich Gegebenes, dass man objektiv erkennen kann. Nach Comte kann der Mensch die in Form der Erscheinungen gegebenen Tatsachen entweder

1. als solche hinnehmen,
2. sie nach ihren Beziehungen untereinander hin untersuchen,
3. sie nach bestimmten Gesetzmäßigkeiten, unter denen diese auftreten zu ordnen,
4. oder den Versuch unternehmen, aus den erkannten Gesetzmäßigkeiten künftige Erscheinungen vorauszusehen und sich danach einzurichten.

Comtes Vorstellung vom Erkenntnisprozess war somit davon geprägt, dass man Erkenntnis bzw. Wissen allein dazu habe, um vorhersehen zu können, dass unter bestimmten Bedingungen bestimmte Tatsachen bzw. Erscheinungen auftreten, die miteinander in Beziehung stehen bzw. verknüpft sind und man diese bestimmten Gesetzmäßigkeiten zuordnen kann. Hiernach untersucht man die Bedingungen, unter denen bestimmte Tatsachen auftreten und verknüpft diese mit den beiden Prinzipien der Ähnlichkeiten untereinander und der Aufeinanderfolge von Erscheinungen. Als Ergebnis ordnet man diesen Ähnlichkeiten Begriffen und schreibt den Vorhersehbarkeiten (Aufeinanderfolgen) Gesetzmäßigkeiten zu.

Dieses Prinzip der Aufeinanderfolge von Tatsachen machte sich auch der Engländer Charles Darwins (1809-1882) zunutze: Hierin liegt die von ihm entwickelte Evolutionstheorie begründet: Während sich bei Hegel (siehe 19. Jahrhundert) die Entwicklung in „dialektischen Sprüngen" vollzieht, von einem Gegenpol zum anderen, dann auf eine höhere Ebene und so weiter, also gewissermaßen einen revolutionären, sehr bewegten Verlauf nimmt, liegt bei der englischen Ansicht von Aufeinanderfolge bzw. Entwicklung der Akzent auf einer ganz allmählichen, fast unmerklich über viele Zwischenglieder sich vollziehenden Wandlung des menschlichen Körpers und auch seines Geistes[36].

---

[36]Vgl. Hans Joachim Störig, Band 2, 1984, S.136ff.

4.2.4.1   Praktische Relevanz

Der Positivismus geht bei der Erkenntnisgewinnung von der Voraussetzung aus, dass es vordefinierbare Bedingung geben muss, die eine Erkenntnis von Tatsachen und Erscheinungen überhaupt erst ermöglicht. Diese Tatsachen stehen in Beziehungen zueinander und unterliegen bestimmten Gesetzmäßigkeiten wie der der Aufeinanderfolge bzw. Vorhersehbarkeit. Beim Positivismus geht man also bei der Erkenntnisgewinnung von einem Akteur aus, dessen Identität, Interessen und Präferenzen vom Prinzip der durch vordefinierte Bedingungen vorhersehbaren Tatsachenentstehung geleitet ist.

Beispiel:

Ein Mensch möchte gerne heiraten. Dieser weiß aber nur, dass es sich hierbei um eine Heirat handelt, weil diese aus bestimmten vordefinierten Bedingungen entspringt. Würden diese vordefinierten Bedingungen nicht bestehen, so gebe es auch nicht die Tatsache der Heirat.

Für den Beratungsprozess hat der positivistische Erkenntnisgewinnungsansatz auf der Ebene des Beraters, des Klienten und des Problems seine Bedeutung. Die dem Positivismus innewohnende bedingungsbezogene Vorhersehbarkeit von Tatsachen, erste eine Aussage über etwas treffen zu können, wenn die vordefinierten Bedingungen diese Tatsache erst in Erscheinung bringen ist der Kern der Betrachtung bzw. das Wesen der Vorgehensweise während des Beratungsprozesses.

Beispiel für die Ebene des Beraters:

Die Beraterin hört einem Klienten während der Beratungsstunde zu. Der Klient erzählt ihr, dass er einfach nicht wisse, was mit seinem 14jährigen Sohn los sei. Er benehme sich gar nicht mehr so lieb wie früher, als dieser noch ein Kind war, sondern nur noch seltsam, schlecht gelaunt und zurückgezogen und er werde nach seiner Beobachtung immer schlimmer. Die Beraterin mit positivistischem Erkenntnisansatz weiß sofort, dass Sie hier den Vater über die vordefinierten Bedingungen der Pubertät aufklären muss, damit der die auf ihn zukommenden Tatsachen auch benennen bzw. einschätzen kann.

Beispiel für die Ebene des Klienten:

Die Klientin schildert ihr Problem dem Berater. Sie erzählt ihm, dass sich Ihre 14jährige Tochter mit ihrer Pubertät ständig ausfallend, abwertend und eigenwillig verhalte. Die Mutter weiß nun genau, dass sich ihre Tochter deshalb nur noch ihr gegenüber schlecht verhalten werde. Der Berater stellt schnell fest, dass sich die Klientin durch ihre positivistische Erkenntnisgewinnung ihre eigenen Probleme selbst generiert: Die Mutter geht von der vordefinierten Bedingungen der Pubertät davon aus, dass das ausfallende, abwertende und eigenwillige Verhalten ihrer Tochter hierdurch für sie eine unabänderbare Tatsache darstellt.

Beispiel für die Ebene des Problems/Lösung:

Anhand des letzten Beispiels kann der Berater erkennen, dass die Klientin ihre Probleme dadurch verursacht, dass diese ihre Erkenntnisse auf positivistische Weise gewinnt und somit hierdurch für die Problemlagen in der Mutter-Kind-Beziehung sorgt. Nun hat der Berater die Möglichkeit, gemeinsam mit der Klientin an dessen positivistischer Erkenntnisgewinnung zu arbeiten und ihr zu verdeutlichen, dass zwar die vordefinierte Bedingung der Pubertät diese Verhaltenstatsachen produziere, aber eben nicht nur diese Tatsachen, sondern, dass diese fixe Bedingung auch andere Tatsachen hervorrufen können, für die die Mutter einen Blick gewinnen sollte und dass die Tatsachen einer Entwicklung unterliegen, so dass sich diese auch wieder ändern.

4.2.5 Erkenntnistheorie des Materialismus

Abbildung 9: Materialismus[37]

Der erkenntnistheoretische Materialismus ist eine philosophische Anschauung, die alle Vorgänge und Phänomene der Welt auf Materie und deren Gesetzmäßigkeiten und Verhältnisse zurückführt. Die Auffassung, die Materie bzw. die körperlichen Dinge seien das Primäre der Welt bzw. des Seins, wird daher in der Philosophie als Materialismus bezeichnet: Er vertritt die Auffassung, dass alles Seiende aus Materie besteht. Materialismus ist somit als Lehre zu verstehen, der das wahrhaft Reale in der Natur wie im Geistigen, Seelischen die Materie oder das Körperliche, Physische sei. Der prägnante Satz „Das Sein schafft das Bewusstsein" von Karl Marx, lässt sich vereinfacht ausdrücken mit der Analogie: Das Gehirn (die materielle Voraussetzung) schaffe das Bewusstsein (die Erkenntnisfähigkeit), also: Ohne Materie gebe es keine Erkenntnis. Auf die Frage „Was ist?" antwortet der Materialismus: Nur Materie. Der Materialismus geht demnach davon aus, dass auch Gedanken und Ideen lediglich Erscheinungsformen der Materie sind bzw. auf solche zurückgeführt werden können. Die Philosophie des Materialismus erklärt dem Menschen die ihn umgebende Welt und die in

---

[37]Quelle: Aaron Bacall: URL: http://www.philo-so-phie.de/archives/162 (Stand: 01.10.2010)

ihr ablaufenden Prozesse ohne geistige bzw. immaterielle Elemente, wie beispielsweise Gott, dessen Existenz sich mit der Methodik der Naturwissenschaft, insbesondere dem Experiment, nicht überprüfen (verifizieren bzw. falsifizieren) lässt.

Kennzeichnend für den Materialismus ist sein großer Respekt vor der Naturwissenschaft und Technik und seine Verherrlichung der Vernunft. Nach der Auffassung von Karl Marx (1818-1883) von seinem entwickelten Historischen Materialismus bedinge die Produktionsweise des materiellen Lebens den sozialen, politischen und geistigen Lebensprozess. Der Mensch erkennt sich selbst und die Welt also durch die materiellen Bedingungen, in die er eingebettet ist.

Aufgabe

Welchen Einfluss kann, Ihrer Meinung nach, der Materialismus auf den Beratungsprozess ausüben?

4.2.5.1   Praktische Relevanz

Der Materialismus geht bei der Erkenntnisgewinnung davon aus, dass die materiellen Grundlagen des Lebens der Menschen dessen Erkennen der Dinge bedingen und somit sein Bewusstsein formen. Beim Materialismus geht man also bei der Erkenntnisgewinnung von einem in materielle Bedingungen eingebetteten Akteur aus, dessen Identität, Interessen und Präferenzen von seinen materiellen, dinglichen Lebensbedingungen gesteuert sind. Hierdurch unterliegt der Erkenntnisgewinnungsprozess weiterhin durch die Möglichkeit der Änderung der Lebensgrundlagen einer Entwicklung. Das heißt, der Mensch weiß, dass er die Dinge dadurch als gegeben erkennen kann, dass er dessen materielle Bedingungen erfasst und diese durch eigenes Handanlegen so lange modifizieren (verändern) kann bis er sich seine Realität in einem Entwicklungsprozess zufriedenstellend geschaffen hat.

<u>Beispiel:</u>

Ein Mensch sieht, dass ein anderer Mensch in seiner unmittelbaren Umgebung Hunger leiden muss. Er erkennt diese Tatsache deshalb, weil er weiß, dass es Bedingungen geben muss, die diesen hungernden Menschen in diesem Licht erscheinen lässt. Der Mensch kann aber die Tatsache des Hungerns nicht ändern, sondern lediglich die Bedingungen, die zu dem Hunger geführt haben, um einen nicht-hungernden Zustand für den bislang hungernden Menschen zu erschaffen.

Für den Beratungsprozess hat der materialistische Erkenntnisgewinnungsansatz auf der Ebene des Beraters, des Klienten und des Problems seine Bedeutung. Die dem Materialismus innewohnende Vorgehensweise des → *Kausalitätsprinzips* als Erklärung dafür, dass die Erkenntnis des Menschen durch seine materiellen Lebensgrundlagen bedingt ist, ist der Kern der Betrachtung bzw. das Wesen der Vorgehensweise während des Beratungsprozesses.

<u>Beispiel für die Ebene des Beraters:</u>

Die Beraterin hört einem Klienten während der Beratungsstunde zu. Der Klient erzählt ihr, dass sein 15jähriger Sohn ihm vorhalte, dass er sich von seinem Vater ungeliebt fühle, weil er nicht den Führerschein für den Motorroller machen dürfe. Die Beraterin – mit ausgeprägtem Erkenntnisansatz des Materialismus – stellt ihrerseits fest, dass der Junge lediglich auf die für ihn durch den Vater produzierte ungeliebte Lebensbedingung reagiert. Der Berater kann den Vater auf dieses Erkenntnisverfahren hinweisen und ihm dabei bewusst machen: Die Reaktion des Jungen ist ein Produkt seiner materiellen Lebensbedingung, nämlich auf die Ablehnung den Führerschein machen zu dürfen.

<u>Beispiel für die Ebene des Klienten:</u>

Die Klientin schildert ihr Problem dem Berater. Sie erzählt ihm, dass ihre 14jährige Tochter sie ständig mit neuen Forderungen nach mehr Geld, mehr Schminke, und nach mehr Kleidung konfrontiere. Da sie, die Mutter, immer den Wünschen ihrer Tochter nachgegeben habe, um ihr, der Tochter, ein auf materieller Basis sorgenfreies

Leben zu ermöglichen, stellt sie nun fest, dass fest, dass die Begehrlichkeiten ihrer Tochter immer kostspieliger werden. Seitdem sie, die Mutter, diesen kostspieligen Wünschen nicht mehr nachkommt, werde ihre Tochter rabiat und frech ihr gegenüber. Der Berater stellt schnell fest, dass sich die Klientin durch ihre materialistisch geprägte Erkenntnisgewinnung ihre eigenen Problemlagen in der Beziehung zu sich und ihrer Tochter schafft: Zuerst sorgt die Mutter für Lebensbedingungen die Ihrer Tochter dazu veranlasste zu erkennen, dass ihr Leben vom materiellen Reichtum gekennzeichnet ist und dann sorgt sie für eine gegenteilige Lebensbedingung, nämlich durch den Entzug der Wunscherfüllung.

Beispiel für die Ebene des Problems/Lösung:

Anhand des letzten Beispiels kann der Berater erkennen, dass die Klientin ihre Probleme dadurch verursacht, dass diese ihre Erkenntnisse durch eine materialistisch geprägte Einstellung gewinnt und somit hierdurch für die Problemlagen in der Mutter-Kind-Beziehung sorgt. Nun hat der Berater die Möglichkeit, gemeinsam mit der Klientin an dessen materialistischen Erkenntnisgewinnung zu arbeiten und ihr zu verdeutlichen, dass sie eine für alle Seiten akzeptable Form der materiellen Lebensbedingungen schaffen muss, um die materialistisch ausgeprägte Erkenntnisgewinnung ihrer Tochter zu steuern. Um Probleme, die durch eine Überbewertung der materiellen Lebensgrundlage herrühren wie z. B. Geldprobleme, dann ist es sinnvoll die Einstellung des Klienten gegenüber den materiellen Dingen zu überprüfen.

4.2.6 Erkenntnistheorie des Pragmatismus

Abbildung 10: Pragmatismus[38]

Der Pragmatismus (von griechisch »*pragma*« „Handlung", „Sache") ist eine philosophische Anschauung, bei der die Erkenntnisgewinnung auf einem Denkprozess von Zweifel und Überzeugung beruht. Die Wahrheit über die Dinge der Welt ergibt sich aus dem → *Konsens* zwischen dem Zweifel und der Überzeugung bezüglich der Dinge. Nach der Anschauung des Pragmatismus beziehen sich alle Urteile, Anschauungen, Vorstellungen, Begriffe auf jeweils handelnde Menschen. Die Erkenntnisse und das theoretische Wissen entspringen somit dem praktischen Umgang mit den Dingen und sind auf diese angewiesen.

Der Begründer des Pragmatismus, der amerikanische Mathematiker und Philosoph Charles Sanders Peirce (1839-1914), gibt bei seinem Erkenntnisverfahren eine Methode zur Begriffsbildung an:

„Überlege, welche Wirkungen, die denkbarerweise praktische Relevanz haben könnten, wir dem Gegenstand unseres Begriffs in unserer Vorstellung zuschreiben. Dann

---

[38]Quelle: Andreas Prüstel. URL: http://de.toonpool.com/cartoons/pragmatisch_42498 (Stand: 01.10.2010)

ist unser Begriff dieser Wirkungen das Ganze unseres Begriffes des Gegenstandes" [39].

Peirce setzt Wahrheit nicht automatisch mit faktischem Erfolg gleich (Wahr ist nur, was Erfolg verspricht oder als nützlich erscheint), sondern es sind die praktischen Konsequenzen und Wirkungen einer lebensweltlichen Handlung, welche bestimmen, was die Bedeutung oder die Wahrheit von Begriffen, Aussagen und Meinungen ausmacht. Die Methode der Begriffsbestimmung (auch: Begriffserklärung) ist Teil einer Handlungs- und Konsenstheorie. Der amerikanische Philosoph und Pädagoge, John Dewey (1859-1952), ging davon aus, dass die Wahrheit sich sowohl im experimentellen Erfolg durch nachvollziehbare Ergebnisse als auch im sozialen Handeln, insbesondere bei der Konsensbildung z. B. bei demokratischen Prozessen wie der Gesetzgebung oder gesellschaftlicher Erziehungsleitlinien, des Menschen zu bewähren habe.

Aufgabe

Wie kann sich der Pragmatismus Ihrer Meinung nach nutzbringend auf den Beratungsprozess auswirken?

4.2.6.1 Praktische Relevanz

Der Pragmatismus geht bei der Erkenntnisgewinnung über die Wahrheit der Dinge davon aus, dass diese nur aufgrund des praktischen Umgangs mit den Dingen in einem Konsens zwischen Zweifeln an oder Überzeugung von den Dingen gewonnen werden kann. Beim Pragmatismus geht man also bei der Erkenntnisgewinnung von einem Akteur aus, dessen Identität, Interessen und Präferenzen sich über seinen Umgang mit den Dingen herleiten lassen. Für den Beratungsprozess steht die Begriffsbildung in direktem Bezug zu seinem Handeln im Vordergrund der Betrachtung. Als wahr kann hierbei anerkannt werden, was sich im praktischen Leben, bei der Bewältigung praktischer Probleme bewährt.

---

[39]Georgi Schischkoff, S.552

<u>Beispiel:</u>

Eine Frau fragt sich, ob sie Kinder haben soll oder nicht. Sie wägt die für ihr Leben potenziell darstellenden Vorteile und Nachteile von Kindern ab. Die Frau ist eine Erzieherin in einer Kindertagesstätte und sie kommt aufgrund ihres alltäglichen Umgangs mit den Kindern zu der Erkenntnis, dass Kinder mehr Vorteile für ihr Leben bringen würden als Nachteile.

Für den Beratungsprozess hat der pragmatische Erkenntnisgewinnungsansatz auf der Ebene des Beraters, des Klienten und des Problems seine Bedeutung. Die dem Pragmatismus innewohnende handlungsbezogene Vorgehensweise, die Wahrheit über Aussagen durch Handlungen und durch Konsensbildung in der Begrifflichkeit zu rechtfertigen, ist der Kern der Betrachtung bzw. das Wesen der Vorgehensweise während des Beratungsprozesses.

<u>Beispiel für die Ebene des Beraters:</u>

Die Beraterin hört einem Klienten während der Beratungsstunde zu. Der Klient erzählt ihr, dass sein 14jähriger Junge derzeit zu nichts zu gebrauchen sei. Die Beraterin mit pragmatischem Erkenntnisansatz weiß sofort, dass der Vater seine Erkenntnisse über seinen Sohn aus dessen Nützlichkeit für ihn zieht und überlegt, wie sie den Pragmatismus in den Beratungsprozess mit einfließen lassen kann. Sie stellt die Frage an, in welche Handlungsbezüge sie Vater und Sohn stellen kann (z. B. was können sie gemeinsam unternehmen?), um hieraus dem Vater eine neue Erkenntnis über den Sohn erlangen zu lassen.

<u>Beispiel für die Ebene des Klienten:</u>

Die Klientin schildert ihr Problem dem Berater. Sie erzählt ihm, dass sich Ihre 15jährige Tochter in letzter Zeit allen Familienmitgliedern gegenüber sehr provokativ verhalte. Hierdurch binde die Mutter ihre Tochter immer weniger in das Familienleben mit ein, weil sie der Ansicht sei, dass man sich mit ihrer Tochter ständig nur streite und in aller Öffentlichkeit für sie schäme müsse. Die Mutter kann allerdings überhaupt nicht verstehen, warum sich ihre Tochter immer mehr aus dem Familienleben zurückziehe und nur noch mit ihren Freundinnen abhänge. Der Berater stellt schnell fest, dass sich die Klientin durch ihre pragmatische Erkenntnisgewinnung ihre eigenen Probleme selbst generiert: Die Mutter handelt einerseits selbst abwertend ihrer Tochter gegenüber und erzeugt hierdurch die Erkenntnis, dass die Tochter nicht erwünscht ist, weil sie sich nicht sozial verträglich verhalte. Die Mutter weiß nicht, dass ihr negativer Umgang mit der Pubertät eine negative Wahrheit über ihre Tochter erzeugt.

<u>Beispiel für die Ebene des Problems/Lösung:</u>

Anhand des letzten Beispiels kann der Berater erkennen, dass die Klientin ihre Probleme dadurch verursacht, dass diese ihre Erkenntnisse auf pragmatische Weise gewinnt und somit hierdurch für die Problemlagen in der Mutter-Kind-Beziehung sorgt. Nun hat der Berater die Möglichkeit, gemeinsam mit der Klientin an dessen pragmatischer Erkenntnisgewinnung zu arbeiten und ihr zu verdeutlichen, dass allein ihr Handeln darauf abzielt, ihre Tochter in ein „schlechtes Licht" zu setzen. Die Lösung des Problems liegt in der Bewusstmachung des Zusammenhangs zwischen mütterlichem Handeln und dem Wahrheitsbild was sie sich über ihre Tochter macht.

4.2.7 Erkenntnistheorie des Konstruktivismus

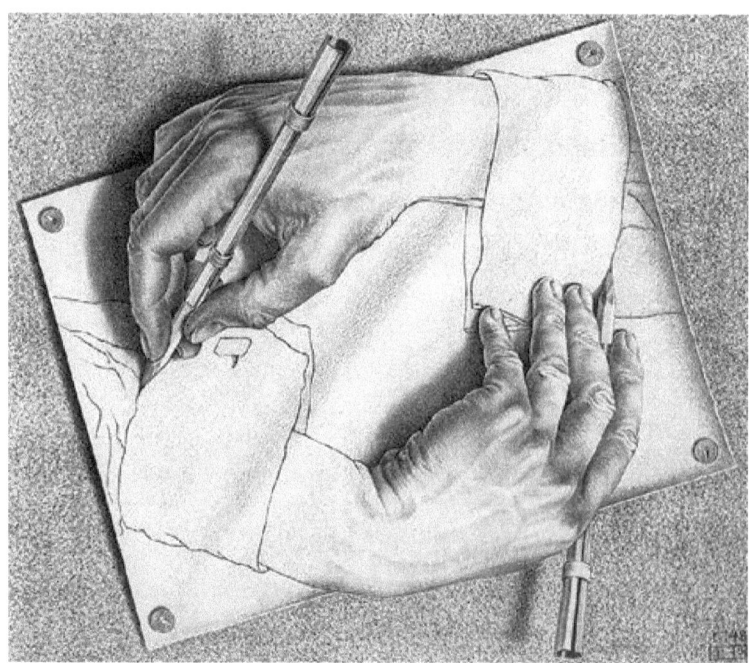

Abbildung 11: Konstruktivismus[40]

---

[40]Quelle: Maurits Cornelis Escher. URL: http://www.mcescher.com (Stand: 01.10.2010)

Als erkenntnistheoretische Position steht das philosophische Erkenntnisverfahren des Konstruktivismus für die Auffassung, dass der Mensch die Wirklichkeit subjektiv "erfindet" (konstruiert) und nicht objektiv "entdeckt". Er behandelt die Frage danach, wie der Mensch Erscheinungen der ihn umgebenden Welt wahrnimmt und für sich strukturiert. Im Konstruktivismus wird nicht etwa geleugnet, dass es eine Welt „draußen" gibt, vielmehr wird betont, dass dem Menschen diese Welt nur via Beobachtung zugänglich ist, d. h. immer schon eine interpretierte Welt ist, über die der Mensch sich nur kommunikativ verständigen bzw. einigen kann. Der philosophische Konstruktivismus geht demnach davon aus, dass ein erkannter Gegenstand vom Betrachter selbst durch den Vorgang des Erkennens konstruiert wird und das, was der Mensch als Wirklichkeit bezeichnet, eigentlich nur eine Konstruktion darstellt, die er aufgrund seiner Sinne und der Interaktion mit anderen Menschen erstellt.

Josef Größchen von der Universität Koblenz schreibt zur Erklärung des „Radikalen Konstruktivismus":

„Der Radikale Konstruktivismus [...] geht zurück auf Heinz v. Foerster, Ernst v. Glasersfeld, Paul Watzlawick u.a. Ihr Ansatz interpretiert sowohl Wittgensteins Vermutung "Diese Welt ist meine Welt" als auch ein grundlegendes Ergebnis der Kognitionswissenschaften, daß nämlich die Nervenzellen lediglich die Intensität einer Erregung codieren, nicht aber deren Art und Herkunft. Entgegen der Auffassung der traditionellen philosophischen Erkenntnistheorie, die den Unterschied von Subjekt und Objekt als → konstitutiv für die Philosophie ansieht, vertritt der Radikale Konstruktivismus den Standpunkt, daß es keine vom Beobachter unabhängige Wirklichkeit gibt und daß wir unsere Wirklichkeit selbst konstruieren. Danach ist das Objekt immer nur Objekt eines Subjekts und der Anspruch ist, daß man mit dieser Alternative die Komplexität, der in den Wissenschaften untersuchten Prozesse und die Bedeutung der einzelnen Elemente in diesen Prozessen angemessener erklären kann als mit anderen Theorien".[41]

Die Erkenntnisgewinnung des Menschen über die Welt basiert nach dem Radikalen Konstruktivismus auf einem subjektiven Entwurf (Konstrukt) der Realität durch Denken

---

[41]Quelle: Josef Größchen, 2000, Universität Koblenz. URL: http://www.uni-koblenz.de/~odsjgroe/konstruktivismus/index1.htm (Stand: 01.10.2010)

und Erfahren, da der Mensch grundsätzlich nicht in der Lage ist, objektive Realität zu erkennen.

Aufgabe

Was bedeutet der Erkenntnisgewinnungsprozess des Radikalen Konstruktivismus Ihrer Meinung nach für den Beratungsprozess?

4.2.7.1   Praktische Relevanz

Der Englisch-Didaktiker Johannes-Peter Timm schreibt über den Konstruktivismus:

„Konstruktion von Wissen als methodisches Grundprinzip der Gewinnung von Erkenntnissen heißt: selbst erfahren, ausprobieren, experimentieren, immer in eigene Konstruktionen ideeller oder materieller Art überführen und in den Bedeutungen für die individuellen Interessen-, Motivations- und Gefühlslagen thematisieren".[42]

Beispiel:

Einem Menschen, dem die Aufgabe gestellt ist, bei allen Widrigkeiten der Wirtschaftslage eine Würstchen-Imbissbude neben einer Metzgerei zu betreiben, ohne Ausbildung, ohne Fachkenntnisse, ohne klar umrissene Aufgabenbeschreibung, gelingt es in kurzer Zeit ein florierendes Geschäft aufzubauen.

Der Konstruktivismus geht bei der Erkenntnisgewinnung der menschlichen Realität davon aus, dass der Mensch sich diese Realität selbst konstruiert, weil er eine objektive Welt nicht erkennen kann. Beim Konstruktivismus geht man also bei der Erkenntnisgewinnung von einem Akteur aus, dessen Identität, Interessen und Präferenzen sich in einem Selbstgestaltungsprozess entwirft. Für den Beratungsprozess steht der konstruktive Gestaltungsprozess der Lebensrealität des Klienten im Vordergrund der Betrachtung. Als wahr wird hierbei anerkannt, wie der Klient sich selbst die Welt erklärt.

---
[42]Timm; 1996, 268

Dies hat praktisch zur Folge, dass der Klient auch Gestalter seiner eigenen Lösungswege ist und der Berater lediglich der Begleiter dieses Prozesses ist.

Für den Beratungsprozess hat der pragmatische Erkenntnisgewinnungsansatz auf der Ebene des Beraters, des Klienten und des Problems seine Bedeutung. Die dem Konstruktivismus innewohnende realitätsgestaltende Vorgehensweise, die Aussagen als Entwurf der Klientenwirklichkeit anzusehen, ist der Kern der Betrachtung bzw. das Wesen der Vorgehensweise während des Beratungsprozesses.

Beispiel für die Ebene des Beraters:

Die Beraterin hört einem Klienten während der Beratungsstunde zu. Der Klient erzählt ihr, dass sein 14jähriger Junge in einer schwierigen Phase stecke. Dabei gerate auch der Vater in eine schwierige Phase im Umgang mit dem Sohn, da er, der Vater der Meinung ist, dass er nur ein Reflex auf dessen Verhalten sei. Die Beraterin mit konstruktivem Erkenntnisansatz weiß sofort, dass der Vater seine Erkenntnisse über seinen Sohn konstruiert. Er ist der Meinung, dass er nur reflexartig auf seinen Sohn reagieren könne. Der Berater wird den Vater die Erkenntnis aufzeigen müssen, dass er selbst der Verursacher seines eigenen Verhaltens ist und nicht der Sohn.

Beispiel für die Ebene des Klienten:

Die Klientin schildert ihr Problem dem Berater. Sie erzählt ihm, dass sich Ihre 15jährige Tochter nur noch als gereizt, aufmüpfig und zurückgezogen erlebe. Sie sei der Meinung, dass dies durch die pubertäre Phase der Tochter nur noch schlimmer werden könne, und dass sie hier überhaupt nichts mehr dagegen unternehmen könne, außer ebenfalls rabiat der Tochter gegenüber aufzutreten. Der Berater stellt schnell fest, dass sich die Klientin durch ihre konstruktivistische Erkenntnisgewinnung ihre eigenen Probleme selbst generiert: Die Mutter konstruiert sich ein Bild von ihrer Tochter, welches sie nur noch einseitig negativ deutet, anstatt sich ein anderes Erscheinungsbild von ihrer Tochter zu konstruieren und dies der Tochter gegenüber vorzuleben.

<u>Beispiel für die Ebene des Problems/Lösung:</u>

Anhand des letzten Beispiels kann der Berater erkennen, dass die Klientin ihre Probleme dadurch verursacht, dass diese ihre Erkenntnisse auf konstruktivistische Weise gewinnt und somit hierdurch für die Problemlagen in der Mutter-Kind-Beziehung sorgt. Nun hat der Berater die Möglichkeit, gemeinsam mit der Klientin an dessen konstruktivistischen Erkenntnisgewinnung zu arbeiten und ihr zu verdeutlichen, dass allein ihr Denken, ihre Wahrnehmung und ihre Erfahrung darauf abzielt, ihre Tochter aufgrund der Pubertät als schwierig zu betrachten. Die Lösung des Problems liegt in der Bewusstmachung des Zusammenhangs zwischen mütterlicher Konstruktion eines Tochterbildes und dem Verhalten der Tochter.

Glossar

Abendländisch, Abendland: Das Land der untergehenden Sonne. Heute schließt der Begriff Abendland die gesamte durch gemeinsame Werte (griechische Philosophie, römisches Recht, Judentum und Christentum) verbundene westliche Welt ein.

akademisch: Die Akademie betreffend. An Akademien, Universitäten u.dgl. auf wissenschaftlicher Basis betreibend.

Bewusstsein: Die Wahrnehmung von Dingen und sich selbst sowie das Wissen über die Dinge und sich selbst als Lebewesen. Der Mensch lebt nicht nur, sondern er erlebt außerdem sich selbst als einen in bestimmter Weise Lebenden (Selbstbewusstsein).

Deduktion: Bei der Deduktion handelt es sich um eine Vorgehensweise, bei der zuerst die Gesetzmäßigkeit oder das Prinzip erklärt wird, anschließend werden diese anhand einer nachfolgenden Übung veranschaulicht. Deduktion ist in der Philosophie eine Schlussfolgerung von gegebenen Voraussetzungen auf die logisch zwingenden Folgerungen/Konsequenzen. Von einer allgemeinen Aussage zu einer speziellen Aussage. Von der Theorie zur Erfahrung/Erkenntnis schließend. Gegensatz: → Induktion.

Denken: Im weiten Sinne ist Denken das innerliche, aktive, kreative und schöpferische Schalten und Walten mit den eigenen Gedanken, mit den Vorstellungen, Begriffen, Gefühls- und Willensregungen etc., um brauchbare Lösungen zur Bewältigung von Situationen zu entwickeln. Im philosophischen Sinne ist Denken streng genommen ein inneres Sprechen, welches sich stets durch festgelegte Begriffe inhaltlich auf eine Deutung der Welt und der menschlichen Existenz richtet.

Determinismus: Dieses Konzept beschreibt eine Auffassung, nach der alles Geschehen, auch das menschliche Handeln dem → Kausalprinzip unterliegt

Dialektisch, dialektisch: Philosophische Methode des → Denkens mittels Behauptung, Gegenbehauptung und der hieraus durch einen Denk- oder Erfahrungsprozess gewonnenen neuen → Erkenntnis.

diskursiv: Durch → Denken schlussfolgern. Mittels Denkens zu einer Schlussfolgerung gelangen.

Erkenntnis: Unter Erkenntnis versteht man in der Philosophie zusammenfassend das durch den → Erkenntnisapparat Sichaneignen des Sinngehalts von erlebten bzw.

erfahrenen sowie durch den → Verstand erfassten Sachverhalten, Zuständen, Vorgängen, mit dem Ziele der Wahrheitsfindung. Siehe auch → Wissen.

Erkenntnisapparat: Der menschliche Erkenntnisapparat besteht aus den Sinnesorganen (Organ der Anschauung) und dem → Verstand (Organ der Begriffsbildung). Nach Immanuel Kant gehört hierzu auch die → Vernunft. Er dient der Aneignung von → Erkenntnissen.

evident: anschaulich, offenbar, begreiflich, einleuchtend, fassbar.

Existentialismus: Der Existentialismus des 20. Jahrhunderts um den Franzosen Jean-Paul Satre ist aus den individuellen Erfahrungen des Zwangs zur Erwartungserfüllung durch andere Menschen entstanden. Satre will den Menschen befreit von den Zwängen der permanenten umweltlichen Anforderungen wie Anpassung an und Engagement für andere an das Individuum sehen.

Existenzphilosophie: Philosophische Lehre, die sich mit der Befreiung des Menschen von den Anforderungen einer Gesellschaft an das individuelle Verhalten beschäftigt wie z. B. Carl Jaspers, Jean Paul Satre.

explizit: ausdrücklich, extra.

hermeneutisch, Hermeneutik: Die Hermeneutik ist eine Theorie 1. über die Auslegung (Interpretation) von Werken und 2. über das Verstehen. Beim Verstehen verwendet der Mensch Symbole wie Sprache oder Bilder. Der Mensch ist dabei in eine Gesellschaft eingebunden, die eine gemeinsame Sprache und Zeichen benutzt. In allen menschlichen Schöpfungen ist ein bestimmter Sinn enthalten, den herauszulesen eine hermeneutische Aufgabe ist.

Idee/Ideen: Eine subjektivistische (personenbezogene) Auffassung: Seit René Descartes und John Locke bedeutet Idee/Ideen vielfach das Bild (oder die Vorstellung), das (die) sich der Geist (→ Verstand, → Bewusstsein) von einem Ding macht.

implizit: inbegriffen, mit einbezogen.

Induktion: Bei der induktiven Vorgehensweise wird – im Gegensatz zur → Deduktion – aus einer konkreten Situation eine allgemeine Gesetzlichkeit oder ein allgemeines Prinzip entwickelt. Das eng mit dem Empirismus zusammenhängende wissenschaftlich-philosophische Verfahren der Induktion (von lateinisch: »inducere« = (hin)einführen) zieht seine Schlüsse vom Einzelnen zum Allgemeinen; von der Erfahrung/Erkenntnis zu einer Theorie schließend.

Intellekt: Der Intellekt wird als → Verstand, Denkkraft, Einsicht bezeichnet, als der Inbegriff der geistigen Funktionen, die aus Wahrnehmungen Erkenntnisse machen und diese kritisch sichten.

Intuition (lat.: Betrachtung, Anschauung; umgangssprachlich: „Bauchgefühl): Bei der Intuition handelt es sich um ein unmittelbares geistiges Erfassen eines Dings, einer Situation oder dergleichen ohne vorheriges Nachdenken z. B. Schlussfolgern.

Kausalität: Das Konzept der Kausalität (Kausalprinzip) geht davon aus, dass jedes Ereignis auf eine Ursache zurückzuführen ist und dabei die gleichen Ursachen unter den gleichen Bedingungen die gleichen Wirkungen haben.

Konsens: Konsens bedeutet eine übereinstimmende Haltung, Meinung, Ansicht von Menschen – meist innerhalb einer Gruppe – hinsichtlich einer gewissen Thematik.

Konstitutiv: Richtungweisend, grundlegend, bestimmend.

Konstruktivismus: Der Konstruktivismus unterstellt, dass es „die" Wirklichkeit nicht gibt, sondern dass der menschliche Geist die die Realität konstruiert. Entsprechend entwirft jeder Mensch seine eigene Wirklichkeit und bindet erlerntes Wissen in die Erklärung seiner Welt ein. Der Mensch ist demnach zunehmend anerkannt als der Konstrukteur seiner eigenen Wirklichkeit.

Körperschaft: Anderes Wort für Organisationsformen wie Verein, Firma, Behörde, Kirche, Staat, Gesellschaft, System etc.

Logik: Philosophische Gesetzmäßigkeit des Denkens. Logisches Denken basiert auf einer folgerichtigen, einleuchtenden und nachvollziehbaren Schlussfolgerung.

Manifestation: Als Manifestation werden Dinge bezeichnet, die erkennbar oder sichtbar werden. Sie kann aber auch als Erscheinungsbild bezeichnet werden, zum Beispiel als eine Ausdrucksform des Geistigen in Form von Materie. Hier: Die Materie gilt als Erscheinungsbild/Ausdrucksform der Energie.

Materialismus: Mechanisches Weltbild, welches alles Leben und alle Vorgänge als Erscheinungsformen der Materie beschreibt. Lehre, nach der alles auf die Materie zurückzuführen und auch der Geist rein materiell ist. Die Realität ist demnach nicht geistig, sondern materiell.

Methode (aus dem Griechischen: Nachgehen, Verfolgen): Bei einer Methode handelt es sich um ein planmäßiges Verfahren, welches dazu dient, ein Ziel zu erreichen. Es handelt sich um die Art und Weise sowie um den Einsatz der Mittel zur Zielerreichung.

Negation der Negation: Bei einer Negation handelt es sich um die Aufhebung von etwas (z. B. einer Aussage) durch etwas Entgegengesetztes (z. B. entgegengesetzte Aussage). Wenn diese entgegengesetzte Aussage ebenso negiert (Negation der Negation), also wiederum abgelehnt wird, entsteht hieraus erneut eine neue entgegengesetzte Aussage. Dieser Prozess bewirkt, dass die Aussagen eine immer höhere Qualität besitzen und somit der Geist sich zu einer höheren Stufe entwickelt. Beispiel: Bei der Empfängnis wird der Tod negiert, Leben entsteht. In der Zwischenzeit hat sich jedoch das Lebewesen entwickelt sich, wird geboren und stirbt endlich. Dabei ist aber nicht der Ausgangszustand wieder erreicht. In der Zwischenzeit hat das Lebewesen sich bewegt, gehandelt, eventuell Nachwuchs erzeugt, die Umwelt verändert und gegebenenfalls seine Gene weitergegeben. Durch den Tod wird am Ende das Leben zwar negiert, aber die Wirkung des Lebens zeigt seine Spuren.

Nominalisten, Nominalismus: Nominalist: Vertreter des Nominalismus. Der Nominalismus (auch Universalienproblem genannt) beschäftigt sich mit der Frage, ob es Allgemeinbegriffe wie beispielsweise „Menschheit" im ontologischen Sinne wirklich gibt oder ob sie lediglich menschliche Konstruktionen sind.

normativ: Der Norm entsprechend. Das Normative ist hier als eine festgelegte Regelung z. B. des Autoverkehrs zu verstehen. Eine normative Ethik findet sich hier beispielsweise in der Gesetzgebung wieder.

Objektivität: Objektivität meint den Charakter des Objektiven, das heißt das Freisein von subjektiven Ansichten über das Objekt. Beispiel: Wenn das Objekt Rot ist, dann ist es rot und nicht in seiner Wirkung für den Betrachter beispielsweise anstößig.

Phänomen: Erscheinung, Gegenstand, Dinge, Geschehnis, Ereignis. Die Philosophie versteht unter Phänomene wahrnehmbare, vorstellbare, reale und fiktive geistige und körperliche Dinge und Vorgänge, die aufgrund ihrer Erscheinung oder ihrer Wirkung einer besonderen Betrachtung bedürfen.

Phobie: Begriff aus der Psychologie: Die Phobie ist gekennzeichnet durch übertriebene Furcht vor Objekten, Umgebungen oder Situationen. Menschen mit einer Phobie haben derartige Gefühle in Situationen, die „objektiv" (von der Gegebenheit tatsächlich) nicht bedrohlich sind. So ist beispielsweise wilde Panik beim Anblick einer Spinne nicht angemessen.

Phylogenese: Bezeichnung für die stammesgeschichtliche Entwicklung der Gesamt-heit aller Lebewesen, hier: der Menschheit.

pluralistisch, Pluralismus: Vielfältig, Vielfalt. Hierbei leben unterschiedliche Phäno-mene und Erscheinungsformen, Meinungen und Ideologien, Strömungen und Sichtweisen etc. gleichwertig nebeneinander.

prinzipiell/Prinzip/Prinzipien: (Urgrund) In der Philosophie ist ein Prinzip das, worauf etwas beruht, wodurch es gehalten wird, der letzte Grund, der Urgrund, Ursprung, Ausgangspunkt alles Existierenden und schließlich worauf alles Denken, Begrün-den und Argumentieren beruht.

Rationalismus: (Ratio = Vernunft). Dieses Konzept lehrt, dass es für alles Existie-rende, für alles was ist, eine verstandesmäßige, vernünftige Erklärung gibt.

Sein: Das Sein ist das was ist (das Seiende). Es IST was als → wahr anerkannt ist. Es umfasst dabei nicht nur das Gegebene, sondern auch das nicht Gegebene.

Sokratische Methode: Die „Sokratische Methode" ist im philosophischen Kontext eine Methode mittels Gesprächsführung zur Gewinnung von Erkenntnissen. Die Sokra-tische Methode geht dabei in drei Stufen bei der Erkenntnisgewinnung vor: 1. Stufe: Selbsterkenntnis: Erkenne dich selbst (Denn wenn ich weiß, was ich bin, weiß ich auch, was ich soll). 2. Stufe: Erkenntnis, dass man etwas nicht weiß. Diesen Zu-stand des Bewusstseins des Nichtwissens erklärt Sokrates als seine einzige Weis-heit. 3. Stufe: Pro-Aktivität: Das Nicht-Wissen soll in Wissen verwandelt werden, in dem man sich um das Suchen nach Wahrheit bemüht. Die Umsetzung dieser Me-thode erfolgt im „Sokratischen Dialog" 1. per Gesprächsführung, um auf den Ge-sprächspartner erziehend und bildend einzuwirken und 2. dient der Gesprächs-Di-alog zur Gedankenbildung und zur Erkenntnisgewinnung.

spirituell, Spiritualismus: Lehre, die den Geist (das Geistige) als ursprüngliche Re-alität betrachtet.

Synthese: Eine aus zwei gegensätzlichen Anschauungen (Meinungen, Positionen etc.) neu gewonnene Anschauung.

Transparenz, transparent: „Durchsichtig, Durchsichtigkeit". Nachvollziehbar, Nach-vollziehbarkeit. Plastisch darstellbar, verständlich, erkennbar.

Tugend: Die Tugend wird bezeichnet als die Ausrichtung des menschlichen Willens auf das Sittlich-Gute in Übereinstimmung des Wollens mit dem rechten und richti-gen Wissen.

Vernunft: Umgangssprachlich bedeutet Vernunft die Fähigkeit zu Denken, seinen Verstand einzusetzen. In der Philosophie wird Vernunft sowohl als etwas subjektives (personenbezogenes), als Teil des menschlichen Erkenntnisapparates verstanden (z. B. logisches Schlussfolgern): als das Vermögen, die Verstandeserkenntnis zu ordnen und nach → Prinzipien zu denken. Es wird aber auch als etwas Objektives betrachtet, als ein übergeordnetes Prinzip (z. B. das Gesetz des Tötungsverbotes von Menschen).

Verstand: Der Verstand wird im philosophischen Sinne als eine geistige Tätigkeit bezeichnet, die auf der Basis der → Vernunft Begriffe bildet, urteilt, Schlüsse zieht und regelt. Er gilt als ein sicheres Instrument zum Erkennen der Welt.

Verstehen: Verstehen bedeutet, etwas zu erkennen; das Wesen von etwas, seine Bedeutung in einem Zusammenhang erkennen zu können. Verstehen ist nur möglich, wenn den Gegenständen, auf die sich das Verstehen gerichtet ist, ein Sinngehalt verliehen wurde. Beispiel: Kleine Kinder erkennen, dass sich die Sonne um die Erde dreht. Sie erkennen nicht, dass die Erde sich um sich selbst dreht und dadurch die Sonne ihren scheinbaren Standortwechsel erhält, weil der Sinngehalt dieses Vorgangs sich ausschließlich über ihren Beobachtungsstandort erschließt.

Wahr/Wahrheit: Wahrheit ist das Sein desjenigen Seienden, was „wahr" genannt wird. Eine Behauptung gilt dann als wahr, wenn das damit Gemeinte mit einem dinglichen oder undinglichen Sachverhalt übereinstimmt. Beispiel: Der Satz „S weiß, dass p" ist nur dann wahr, wenn es der Fall ist das p (existiert). So kann man auch sagen, dass die Behauptung „p" wahr sein muss, wenn wir wissen, dass p (existiert). Wahrheit ist eine notwendige Bedingung für → Wissen.

Wissen: Wissen heißt, nach Georgi Schischkoff, Erfahrungen und Einsichten besitzen, die subjektiv (aus dem Erleben heraus) und objektiv (nicht bloß gedacht, sondern dinglich, tatsächlich) gewiss sind und aus denen Urteile und Schlüsse gebildet werden können, die ebenfalls als sicher genug erscheinen, um wiederum als Wissen gelten zu können (S.756). Die Wörter → ‚Erkenntnis' und ‚Wissen' werden heute weitgehend synonym behandelt. Man kann davon ausgehen, dass die Wörter ‚Erkenntnis' eher für den Prozess der Erkenntnisgewinnung und ‚Wissen' für das Resultat des Erkenntnisprozesses verwendet werden können.

wissenschaftlich, Wissenschaft: Vereinfacht ausgedrückt ist Wissenschaft die Forschung von Untersuchungsgegenständen sowie die Lehre und Publikation der Ergebnisse und Erkenntnisse aus der Forschung. Die Forschung erfolgt auf der Basis nachvollziehbarer und überprüfbarer Methoden und leitet hieraus ihre Theorien und Gesetzmäßigkeiten über die Forschungsgegenstände ab.

Quellenverzeichnis

Bischoff, Norbert (1983): Wissenschaftliche Erkenntnis und Wahrheit in: Feyerabend, Paul; Thomas, Christian, S.99-106.

Bubner, Rüdiger (Hrsg.) (2004): Geschichte der Philosophie in Text und Darstellung. 8 Bände. Reclam Verlag: Stuttgart

Feyerabend, Paul; Thomas, Christian (Hrsg.) (1983): Wissenschaft und Tradition. Verlag der Fachvereine: Zürich

Goethe, Johann Wolfgang: West-östlicher Divan. München (Deutscher Taschenbuch Verlag) 2001.

Grondin, Jean: Einführung in die philosophische Hermeneutik. 2. überarbeitete Auflage, Darmstadt (Wissenschaftliche Buchgesellschaft) 2001.

Hesse, Herrmann: Die Kunst des Müßiggangs. 23. Aufl. Berlin (Suhrkamp) 1973.

Jaspers, Karl: Einführung in die Philosophie. München (Piper & Co. Verlag) 1989.

Meÿenn, Karl von (Hrsg.): Die großen Physiker. 2 Bände. München (C.H. Beck´sche Verlagsbuchhandlung) 1997.

Möller, Peter: Einführung in die Philosophie. http://www.philolex.de/einfph00.htm. Berlin, Stand 01.09.2010.

Möller, Peter: Einführung in die Philosophie. http://www.philolex.de/einfph00.htm. Berlin, Stand 01.10.2010.

Rapp, Christoph: Wozu Philosophie? In: Keisinger, Florian; Seischab, Steffen; Lang, Timo, Steinacher, Angelika; Müller, Markus; Wörner, Christine (Hrsg.): Wozu Geisteswissenschaften? Kontroverse Argumente für eine überfällige Debatte. Frankfurt am Main (Campus Verlag) 2003.

Redfield, James; Murphy, Michael; Timbers, Sylvia: Gott und die Evolution des Universums – Der nächste Entwicklungsschritt für die Menschheit. München (Ullstein Verlag) 2002.

Schischkoff, Georgi: Wörterbuch der Philosophie. Stuttgart (Kröner Verlag) 1978. 22. Auflage 2009.

Schischkoff, Georgi: Wörterbuch der Philosophie. Stuttgart (Kröner Verlag) 1978. 22. Auflage 2009.

Schüller, Volkmar: René Descartes, in: Meÿenn, Karl von (Hrsg.), Band 1. S.170-184.

Schwanitz, Dietrich: Bildung. Alles, was man wissen muss. München (Goldmann) 2002 u.ö.

Störig, Hans Joachim: Kleine Weltgeschichte der Philosophie. 2 Bände. Frankfurt am Main (Fischer Verlag) 1984-1984.

Störig, Hans Joachim: Kleine Weltgeschichte der Philosophie. 2 Bände. Frankfurt am Main (Fischer Verlag) 1984-1984.

Timm, Johannes-Peter: Englisch lernen und lehren. Didaktik des Englischunterrichts. Berlin (Cornelsen) 1998.

Wiehl, Reiner: 20. Jahrhundert. In: Bubner, Rüdiger. Band 8.

Wittgenstein, Ludwig (2003): Philosophische Untersuchungen. Suhrkamp Verlag: Frankfurt am Main

Über den Autor

Ralf-Peter Nungäßer wurde 1964 als einziger Sohn der kaufmännischen Angestellten Annerose Nungäßer, geborene Döllefeld, und des Aufzugmonteurs Hans-Peter Nungäßer in Frankfurt am Main geboren. Nach der Lehre, Zivildienst, Abitur und den Studien der Mathematik, Sozialpädagogik, Erziehungswissenschaften und Philosophie begab er sich in die beruflichen Gesellenjahre als Pädagoge. Der ehemalige Doktorand der Kulturwissenschaften an der FernUniversität Hagen ist leidenschaftlicher Familienmanager, Pädagoge und Autor von Fachbüchern, Fernlehrgangscurricula, belletristischen Büchern und Blogs. Zusammen mit seiner Frau, Angela Nungäßer, geb. Sirsch, und ihren gemeinsamen fünf Kindern pendeln sie zwischen Deutschland, wo sie arbeiten, sowie Portugal, wo sie leben und beide die Freiheit erforschen.

Publikationen

NUNGÄßER, R.-P.: Norma ist anders – Die Normalität des Unnormalen. Books on Demand: Norderstedt, 2019

NUNGÄßER, R.-P.; NUNGÄßER, A.: Anthologien des Lebens – Kaleidoskopische Perspektiven. Books on Demand: Norderstedt, 2019

NUNGÄßER, R.-P.: Dichterlings Glossen – Wußten Sie schon…? Besser Wissen, als Besserwissen. Books on Demand: Norderstedt, 2019

NUNGÄßER, R.-P: Psychologische Beratung – Fernlehrgangsfurricula in 12 Studienanleitungen. Rolf Schneider Akademie. Kitzingen, 2018

NUNGÄßER, R.-P.: Pädagogische Psychologie: Praxis der Evaluation von Bildungsprogrammen – Anwendungen – Studienbrief an der Fakultät Psychologie der SRH FernHochschule Riedlingen, Riedlingen 2018

NUNGÄßER, R.-P.: Pädagogische Psychologie: Trainingsdesign, Trainingsdurchführung & Trainingsevaluation – Studienbrief an der Fakultät Psychologie der SRH FernHochschule Riedlingen, Riedlingen 2018

NUNGÄßER, R.-P.: Pädagogische Psychologie: Pädagogische Konzepte und Interventionen – Studienbrief an der Fakultät Psychologie der SRH FernHochschule Riedlingen, Riedlingen 2017

NUNGÄßER, R.-P.: Erziehungsberatung – Fernlehrgangscurricula in 3 Studienbriefen. Bergische Akademie, Wuppertal, 2015/2016

NUNGÄßER, R.-P., MÜHLFELDER, M.: Pädagogische Psychologie: Grundlagen – Studienbrief an der Fakultät Psychologie der SRH FernHochschule Riedlingen, Riedlingen 2014

NUNGÄßER, R.-P.; NUNGÄßER, A.: Spirituelle Weisheiten. Lektüre zur Meditation. Books on Demand: Norderstedt, 2014

NUNGÄßER, R.-P.: Familienorganisation und -beratung – Fernlehrgangsskript in 9 Studienheften. Impulse e.V. – Schule für freie Gesundheitsberufe, Wuppertal 2013

NUNGÄßER, R.-P.: Sozialpädagogische Arbeit strukturieren, Teamarbeit gestalten und mit Familien kooperieren. Fernlehrgangsskript 2: Öffnung nach Innen und Außen. Deutsches Erwachsenen-Bildungswerk e.V., Bamberg 2011

NUNGÄßER, R.-P.: Dozent/in in der Erwachsenenbildung – Fernlehrgangsskript in 9 Studienheften. Impulse e.V. – Schule für freie Gesundheitsberufe, Wuppertal 2010b

NUNGÄßER, R.-P.: Familienorganisation – Fernlehrgangsskript in 9 Studienheften. Impulse e.V. – Schule für freie Gesundheitsberufe, Wuppertal 2010a

NUNGÄßER, R.-P.: Fernsehen in der Familie - Vom sinnvollen Umgang mit einem Massenmedium. Diplomica-Verlag, Hamburg 2008.

NUNGÄßER, R.-P.: Die Entwicklung der Stieffamilie. Die Beziehungs- und Alltagsgestaltung im Stieffamiliensystem. Grin-Verlag, München 2008.

NUNGÄßER, R.-P.: Der Situationsansatz im Hort der Kindertagesstätte - Die konzeptionelle Umsetzung des Curriculums ‚Soziales Lernen'. Grin Verlag, München 2008.

NUNGÄßER, R.-P.: Fernsehsozialisation im Familiensystem. Die kindliche Sprachlosigkeit vor dem Bildschirm. Formen der Gespräche und Nacharbeit nach der Sendung. Grin Verlag, München 2008.

NUNGÄßER, R.-P.: Wenn Eltern den Alkohol mehr lieben als ihre Kinder. Diplomica Verlag, Hamburg 2007.

NUNGÄßER, R.-P.: Alkoholwirkungen auf die Familie und Adoleszenz – Eine Systemanalyse und empirische Erhebung. Grin Verlag, München 2008.

NUNGÄßER, R.-P.: Sozialpädagogische Kommunikationsberatung in der Schule. Erfahrungen von Schülern mit Schulsozialarbeit. Grin Verlag, München 2008.

Impressum

Kontakt

Mehr Informationen auf meinem
NUNI-NEWS-Blog unter:

https://nuninewsblog.wordpress.com

Fragen und Anmerkungen bitte an:
ralf-peter.nungaesser@t-online.de

Facebook:
https://www.facebook.com/paedaprax

Vielen Dank für Ihren Besuch!